Pierre Maury

200 MODÈLES DE LETTRES

MARABOUT

Sommaire

Introduction

Notre époque n'est plus celle des correspondances abondantes. Les communications se sont développées par d'autres moyens, dont le téléphone est le plus évident mais à quoi il faut ajouter aussi la voiture, mode de déplacement individuel qui permet de se rendre rapidement d'un endroit à un autre et met donc les personnes en contact les unes avec les autres très facilement. Le progrès réduit les distances et rapproche les hommes. Qui s'en plaindra ?

Le revers de la médaille, c'est qu'on souffre beaucoup plus facilement de l'angoisse de la page blanche lorsqu'il faut quand même écrire une lettre. Ce qui pouvait être un plaisir autrefois n'est plus que nécessité aujourd'hui, et nous ne sommes pas toujours prêts à y faire face. Quels mots faut-il utiliser ? Y a-t-il des formules de politesse plus adéquates que d'autres en fonction de chaque situation ? Comment dire les choses sans être trop explicite lorsque cela s'impose ? Va-t-on trouver le moyen d'exprimer exactement la nuance désirée ?

Ces questions, il est plusieurs manières d'y répondre. Avec du temps, on arrive toujours à bien tourner une phrase, à s'approcher aussi près que possible de ce qu'on veut dire, en un mot à communiquer...

Mais on ne dispose pas toujours du temps nécessaire à ces tâtonnements : sucer son stylo en levant les yeux au ciel dans l'espoir d'y trouver l'inspiration est un luxe qu'on ne peut pas toujours se permettre. Alors, il faut trouver des solutions de rechange, s'inspirer de lettres qui existent déjà et à partir desquelles il est possible de faire comme si l'on avait soi-même imaginé des formules originales ou respecté précisément les formes traditionnelles.

Ce livre n'a d'autre ambition que de vous servir à cela, en vous donnant des **modèles de lettres** à utiliser dans toutes les circonstances pour gagner un temps précieux. Que ce soit pour écrire à votre plombier dont vous trouvez la facture trop lourde ou à votre petit ami, vous trouverez ici des idées, des références, des phrases à utiliser ou à transposer.

Bien sûr, on peut écrire mille lettres par an et ne jamais envoyer deux fois le même texte. Alors, direz-vous, comment deux cents modèles de lettres seulement pourront-ils vous donner la matière de toute votre correspondance ?

C'est tout simplement qu'on peut aisément grouper les lettres en fonction de leur sujet ou de la manière d'y présenter les choses. Et il suffit alors d'y puiser à volonté, d'y changer quelques mots, pour décliner à l'infini les exemples que vous trouverez ici. Pour être tout à fait clairs, nous avons nous-mêmes procédé à quelques-unes de ces modifications, afin que vous en saisissiez bien le fonctionnement et puissiez ensuite vous lancer seul sur la feuille de papier.

Mais nous avons parlé de formes traditionnelles, aussi. C'est qu'il y a des règles, qui sont celles du bon usage de la langue et de la vie en société. Les premières, nous n'avons pas à vous les apprendre ici. Un livre comme celui-ci ne suffirait de toute manière pas à en faire le tour. Mais les secondes nous concernent davantage : elles sont celles d'un code épistolaire où les phrases se chargent d'un sens symbolique, comme ces formules de politesse qui ne veulent plus rien dire à force d'être utilisées à tort et à travers, mais dont l'interprétation peut en dire long malgré tout sur l'état d'esprit d'un correspondant.

La première partie de ce livre sera donc consacrée aux **règles en usage dans la correspondance.** Celles que vous devez appliquer scrupuleusement et celles que vous devez vous forger en fonction des circonstances. La présentation, le style, les formules-types y seront passés en revue afin de vous faire comprendre comment utiliser au mieux les outils dont vous disposez.

Lisez cette première partie de bout en bout, puis revenez-y souvent, chaque fois que vous devrez écrire une lettre. Elle finira par vous être si familière que vous n'en aurez plus besoin. A ce moment, l'ouvrage que vous avez entre les mains, neuf et solide, tombera sans doute en pièces. Mais vous serez capable d'écrire des lettres sans notre aide. Le but sera atteint !

pas à en faire le tour. Mais les secondes nous concernent davantage : ce sont celles d'un code volontaire où les phrases se chargent d'un sens symbolique, comme ces formules de politesse qu'il ne viendrait [illegible] à force d'être utilisées à tort et à travers, mais dont l'interprétation peut vous renseigner tout sur l'état d'esprit d'un correspondant.

La première partie de ce livre sera donc consacrée aux règles en usage dans la correspondance. Celles que vous devez appliquer scrupuleusement et celles que vous devez vous forger en fonction des circonstances. La présentation, le style, les formules types y seront passés en revue afin de vous faire comprendre comment utiliser au mieux les outils dont vous disposez.

Lisez cette première partie de bout en bout, puis revenez-y souvent, chaque fois que vous devrez écrire une lettre. Elle finira par vous être si familière que vous n'en aurez plus besoin. À ce moment, l'ouvrage que vous avez entre les mains, neuf et solide, tombera peu à peu en miettes. Vous serez alors capable d'écrire des lettres sans nulle aide. Le but sera atteint !

La présentation

Avez-vous déjà remarqué combien une lettre bien présentée, bien écrite, était plus agréable à recevoir qu'un torchon proche du graffiti ? Tenez compte de ce que pourraient être vos réactions de destinataire si vous étiez celui de la lettre dont vous êtes l'expéditeur, et bien des règles vous sembleront évidentes.

Et si cela ne vous suffit pas, souvenez-vous de cette anecdote (à moitié vraie seulement) qui fleurit dans beaucoup d'histoires littéraires : Marcel Proust, considéré maintenant comme un des plus grands écrivains français du vingtième siècle, avait été refusé par André Gide chez Gallimard… parce que son écriture était si difficilement lisible qu'elle avait rebuté le comité de lecture de la grande maison d'édition !

Le papier

La présentation commence avec le choix de la feuille sur laquelle on va écrire. Inutile de préciser qu'elle doit être vierge de toute souillure.

• Souvent, la première feuille d'un paquet de papier

se ternit sous l'action de la lumière et de la poussière. Evitez de l'utiliser, vous aurez ainsi l'assurance d'écrire sur **une surface parfaite**.

• En règle générale, on utilisera du **papier blanc non ligné**, de préférence **au format international** (21 x 29,7 cm). Cette règle n'est pas si stupide qu'elle en a l'air.

Le blanc est une couleur complètement neutre, qui ne pose aucun problème de lisibilité. C'est la couleur la plus usuelle du papier; elle ne risque donc pas de surprendre un correspondant qui pourrait être choqué par une fantaisie plus grande. On réservera donc le papier de couleur au courrier très personnel.

C'est essentiellement pour des raisons de lisibilité aussi — et d'esthétique du neutre, pourrait-on dire — que le papier non ligné est conseillé. Pour les lettres écrites à la main, on utilisera donc de préférence des blocs de papier à lettres à l'intérieur desquels une feuille lignée peut se glisser sous la page où l'on écrit. Par transparence, on dispose ainsi de points de repère qui évitent une écriture trop inclinée dans un sens ou dans l'autre. En même temps, l'épaisseur de cette feuille-guide permet de ne pas laisser sur la deuxième page les traces de ce qu'on écrit.

Enfin, le format international permet, plié en quatre ou en trois, d'utiliser des enveloppes normalisées. Et pour le courrier à classer, il est utile de se conformer à une dimension unique.

• Pour en finir avec la règle générale, disons encore que ce papier devrait être **mat**, et qu'il ne peut en aucun cas pocher quand on écrit à l'encre — ou alors, écrivez au stylo-bille ou à la machine !

Les exceptions à toutes ces règles sont cependant nombreuses, et le respect qu'on doit en avoir ou non dépend des rapports qu'on entretient avec son correspondant.

Pour toutes les lettres administratives, plus ou moins officielles, ou adressées à des gens que vous ne connaissez pas, soyez sobrement fidèle à ces indications.

Mais pour les amis, les proches, tout est possible, surtout pour ce qui concerne la couleur et le format. Donnez-vous alors un peu de liberté !

• On peut se demander aussi s'il est utile de faire imprimer ses **nom et adresse** en haut et à gauche de son papier à lettres. Evidemment oui, en cas de courrier professionnel, auquel cas on n'oubliera pas d'y ajouter la raison sociale, le numéro de compte bancaire, le numéro de téléphone et autres renseignements utiles pour les clients éventuels.

Pour le courrier personnel, c'est beaucoup moins nécessaire. Si vous le faites, évitez le mauvais goût qui consiste surtout à vouloir paraître ce que vous n'êtes pas.

L'écriture

La première qualité d'une écriture dans une lettre est évidemment d'être lisible. Mais la grande question est ici : faut-il écrire à la main ou à la machine ?

Si vous ne possédez pas de machine à écrire, ne soyez pas inquiet : il est toujours possible de rédiger à la main.

Si vous possédez une machine ou que vous pouvez en emprunter une aisément, limitez son usage aux lettres administratives, celles dont, par exemple, vous pouvez être amené à conserver une copie — c'est alors beaucoup plus facile à la machine, grâce à l'utilisation du papier carbone.

• Dès qu'une lettre veut manifester de l'amitié, ou une attention à l'autre, elle doit être manuscrite. **L'écriture est une marque personnelle**, que la signature ne remplace évidemment pas dans le cas d'une lettre dactylographiée. En livrant cette marque personnelle à votre correspondant, vous faites preuve de confiance en lui. D'ailleurs, l'écriture peut faire l'objet d'une analyse graphologique, au cours de laquelle il est possible de découvrir même des choses que vous voudriez tenir cachées. C'est bien en cela qu'elle vous livre à votre correspondant.

• C'est aussi la raison pour laquelle **les demandes d'emploi**, qu'elles soient spontanées ou en réponse à une offre, doivent être également manuscrites. Beaucoup d'employeurs se font une idée — vraie ou fausse, c'est une autre question — de la personnalité des candidats en fonction de leur écriture, ou ils confient cette analyse à un spécialiste...

• Même dans ce dernier cas, **n'essayez pas de camoufler votre écriture** si vous ne l'aimez pas, ou si vous imaginez qu'elle met particulièrement en valeur un défaut pour ce que vous cherchez à obtenir. Une écriture empruntée, non naturelle, est certainement la plus mauvaise solution.

• Il ne faut pas utiliser n'importe quelle **couleur d'encre**. Si la lettre est dactylographiée, nous supposons que vous n'aurez pas l'idée saugrenue de le faire en rouge. Alors, pourquoi une lettre manuscrite ne bénéficierait-elle pas de la même rigueur ? L'encre noire ou bleue est très bien acceptée; il n'en va pas de même du mauve ou du vert... sauf, bien entendu, pour une correspondance privée où, peut-être, vous pouvez vous amuser à fabriquer une... « correspondance » entre les couleurs et les sentiments !

• Il y a quelques années, nous vous aurions en outre conseillé d'utiliser exclusivement une plume. Mais les temps ont changé, et le **feutre** ou le **stylo à bille** sont des instruments d'écriture complètement entrés dans les mœurs. L'usage de chacun d'eux exige cependant une petite précaution complémentaire.

La pointe d'un feutre de mauvaise qualité s'écrase rapidement, et vous risquez d'avoir une écriture fine au début de la lettre, empâtée ensuite. Ne choisissez donc que des feutres de bonne qualité pour votre courrier.

Un stylo à bille peut laisser des dépôts d'encre (s'il « coule », comme on dit). Celle-ci est assez épaisse pour provoquer les pires taches si on la frotte par accident. Là aussi, veillez à la qualité de vos instruments.

La disposition du texte

Avant le texte de la lettre, trois éléments trouvent normalement place au haut de la page, mais il existe aussi plusieurs variantes, que nous allons détailler en passant ces trois éléments en revue.

• **L'adresse de l'expéditeur** se place habituellement

en haut et à gauche, en ne laissant qu'une marge assez étroite de 2 cm environ. Les éléments suivants prennent chacun une ligne :

— prénom et nom;
— numéro et rue;
— localité;
— numéro de code postal et bureau distributeur;
— numéro de téléphone.

On obtient cette disposition :

Albert Marteau
45, rue des Pierres
Penchard
77100 Meaux
Tél. : 65.63.67.18

La troisième ligne disparaît si la localité est aussi celle du bureau distributeur. Et le numéro de téléphone est loin d'être une mention obligatoire. Même si on est raccordé au réseau, on ne désire pas toujours le donner.

Ces indications peuvent éventuellement trouver place sous la signature, *en bas et à droite* de la lettre.

• **La date** de rédaction de la lettre se place en haut et à droite, à hauteur de la localité si l'adresse de l'expéditeur se trouve à gauche. Sinon, il est d'usage de faire précéder la date de la mention de la localité :

Penchard, le 18 avril 1985.

• **L'adresse du destinataire** se place sous la date, c'est-à-dire aussi *en haut et à droite*, mais quelques centimètres plus bas. On y reprend les mêmes éléments que pour l'adresse de l'expéditeur et de la même manière, le numéro de téléphone en moins.

Ces règles sont valables pour le courrier administratif. Dans les autres cas, tout est laissé à l'appréciation de l'expéditeur, qui peut tout aussi bien se contenter de noter, en haut et à droite : *Ce vendredi soir*, et signer de son seul prénom sous le texte de la lettre. Evidemment, cela suppose qu'il est certain d'être reconnu...

• Après ces trois éléments peut venir **le texte de la lettre**, pour lequel plusieurs présentations sont possibles. Nous vous donnons deux exemples choisis parmi les plus fréquents. Une chose doit vous guider de toute manière : l'esthétique de la lettre. Votre page doit être équilibrée.

En même temps, il faut veiller à faciliter la compréhension, et donc à mettre par exemple en évidence le découpage en paragraphes. Soit en commençant chaque paragraphe en retrait, soit en laissant un espace entre chaque paragraphe.

De manière générale, tenez-vous à des marges régulières. Le texte ne doit jamais arriver au bord de la feuille, ni d'un côté ni de l'autre. Comptez au moins 2 cm de tous les côtés, et même 5 cm à gauche du texte.

Norbert Lechat
68, rue Saint-Germain
75005 Paris

Le 3 juin 1986

Monsieur Dupont
8, rue Caron
75004 Paris

Monsieur,

Je vous serais reconnaissant de bien vouloir me faire parvenir, avant la fin de ce mois, copie du document dont nous avions parlé l'autre jour.

Si vous pouviez, par la même occasion, me donner l'adresse exacte de votre ami Lucien Lenfant, cela me serait aussi très utile.

En vous remerciant, je vous prie de croire, Monsieur, à mes sentiments les meilleurs.

Norbert Lechat

Paris, le 3 juin 1986

Monsieur Dupont
8, rue Caron
75004 Paris

Monsieur,

Je vous serais reconnaissant de bien vouloir me faire parvenir, avant la fin de ce mois, copie du document dont nous avions parlé l'autre jour.

Si vous pouviez, par la même occasion, me donner l'adresse exacte de votre ami Lucien Lenfant, cela me serait aussi très utile.

En vous remerciant, je vous prie de croire, Monsieur, à mes sentiments les meilleurs.

(signature)

Norbert Lechat
68, bd St-Germain
75005 Paris

L'enveloppe

Votre lettre terminée, il reste à la mettre sous enveloppe, à la timbrer et à l'expédier. Ici aussi, des règles très précises existent, édictées par les P.T.T., afin de permettre un bon acheminement du courrier. Il est donc utile de s'y conformer.

• Pour la rédaction de **l'adresse**, les règles données pour le haut de la lettre restent valables. Si l'adresse du destinataire figure sur la lettre, il suffit donc de la recopier de la même manière.

• Dans le cas d'**envois en pays étrangers**, il faut faire précéder le numéro de code postal, s'il existe, d'une lettre (dont la liste suit), et faire suivre le nom de la localité par le nom du pays de destination, en toutes lettres.

Autriche	A	Liechtenstein	FL
Allemagne	D	Monaco	MC
Belgique	B	Norvège	N
Danemark	DK	Pays-Bas	NL
France	F	Suède	S
Grande-Bretagne	GB	Suisse	CH
Italie	I		

• **Le format de l'enveloppe** doit répondre à des normes bien déterminées, au moins pour les envois habituels ne dépassant pas 20 grammes : la longueur de l'enveloppe doit être égale ou supérieure à 1,4 fois la largeur, compte tenu des dimensions maximales et minimales suivantes :
— dimensions minimales : 90 mm x 140 mm;
— dimensions maximales : 120 mm x 235 mm.

En tenant compte de ces limites, il est possible de

diviser l'enveloppe en un certain nombre de zones réservées à différents usages, selon le schéma ci-après :

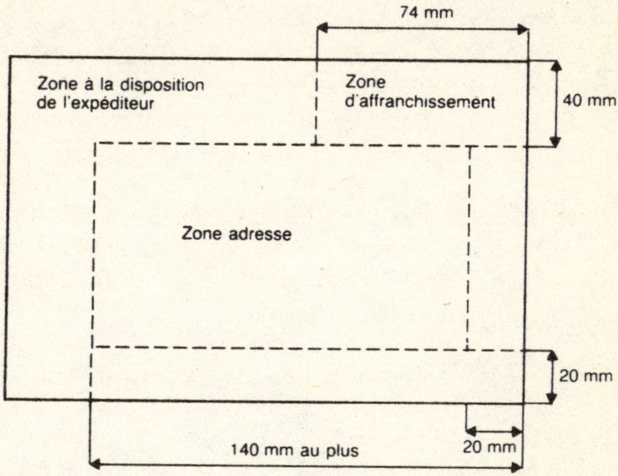

Le style

Le style utilisé dans la correspondance doit avoir deux objectifs : rendre ce que vous écrivez immédiatement compréhensible, et séduire par une personnalité propre. Le deuxième objectif ne peut être atteint qu'après une longue pratique, à moins d'être exceptionnellement doué, et il est impossible de vous initier au « beau style » dans le cadre de cet ouvrage.

Contentons-nous donc de l'essentiel, c'est-à-dire d'un « style efficace ».

Des phrases courtes

La meilleure manière d'être compris, c'est de rendre vos phrases aussi courtes que possible. Si une lettre doit, idéalement, ne traiter qu'un seul sujet, une phrase devrait se contenter d'une seule idée. Certes, le mieux est souvent l'ennemi du bien, et vous constaterez dans les exemples que nos phrases sont parfois assez longues. Cela ne pose pas de problèmes lorsqu'elles sont clairement construites : leur sens saute aux yeux.

Voici un très mauvais exemple de phrase longue,

du type de celles qu'on écrit en suivant le cheminement de sa pensée sans prendre le temps de la structurer. On passe d'une idée à une autre sans trop se préoccuper du lecteur, et à l'arrivée celui-ci s'interroge sur ce qu'on a voulu dire. Cet exemple, voyez comment vous pouvez le modifier dans le sens d'une meilleure lisibilité. Faites l'exercice vous-même avant de comparer votre résultat avec le nôtre.

> *Il est possible que je vienne cette semaine, bien que je ne sois pas certain de disposer d'assez de temps pour terminer le travail que je m'étais imposé sans tenir compte des autres obligations qui pouvaient me tomber dessus.*

Grammaticalement, c'est correct, mais quand on est à la fin de la phrase, on a eu le temps d'oublier ce qu'il y avait au début. Voici donc une autre version du même texte, où le sens est préservé mais où la phrase est découpée en plusieurs :

> *Je viendrai éventuellement cette semaine. Mais je manquerai peut-être de temps pour terminer le travail que je me suis imposé. En effet, je n'avais pas tenu compte des autres obligations qui pouvaient me tomber dessus.*

Vous constatez que les subordonnées sont devenues, pour la plupart, des phrases complètes. De petits mots sont venus préciser la manière dont elles se rattachent à l'idée principale : *mais* et *en effet*. Un grammairien dirait qu'on a remplacé des conjonctions de subordination (*bien que, sans*) par des conjonctions de coordination. Celles-ci permettent donc de débroussailler un terrain en friche. Il n'est donc pas inutile de donner la liste des plus fréquentes. Il faut puiser hardiment dans cette liste, qui permet de préciser la pensée.

Union : ainsi que, alors, aussi, aussi bien que, avec, bien plus, comme, de même que, ensuite, et, jusqu'à, ni, non moins que, puis.

Cause : bien, car, effectivement, en effet.

Conséquence : ainsi, alors, aussi, c'est pourquoi, conséquemment, dans ces conditions, donc, en conséquence, en conséquence de quoi, enfin, par conséquent, par suite, partant.

Transition : or, or donc.

Opposition, restriction : au contraire, au demeurant, au moins, au reste, aussi bien, cependant, d'ailleurs, du reste, encore, en revanche, et, mais, mais au contraire, néanmoins, par contre, pourtant, quoique, seulement, sinon, toutefois.

Alternative : ou, ou au contraire, ou bien, soit... ou, soit... soit, tantôt... tantôt.

Explication : à savoir, c'est-à-dire, savoir, soit.

Cette liste très précieuse a été établie par le grammairien Maurice Grevisse, dont *Le Bon Usage* (éditions Duculot) devrait se trouver sur la table de tous ceux qui ont besoin d'écrire souvent.

L'usage du « je »

Quand vous écrivez une lettre, il faut toujours le faire en fonction de la manière dont votre correspondant la recevra. Certes, c'est vous qui parlez, et généralement de vous, de ce que vous désirez. Mais il ne faut pas donner l'impression que votre personne est au centre de toutes vos préoccupations. Il faut impliquer le correspondant dans la lettre. Il y a plusieurs moyens pour cela.

Les publicitaires bénéficient de l'image qui accompagne le texte. Ainsi, on se souvient de la célèbre affiche qui demandait aux Américains de s'engager dans l'armée nationale. Un Américain-type, presque caricatural, pointait son doigt face à l'affiche, et le texte disait simplement : *I want you* (je vous veux). Interpellation immédiate qu'on ne peut malheureusement utiliser ainsi dans une lettre...

Pour votre part, utilisez la deuxième personne plus fréquemment que la première, et surveillez surtout les débuts de paragraphes, où une succession de « je » pourrait produire une impression désagréable.

Il faut faire preuve d'imagination pour éviter le « je » en début de phrase, mais c'est souvent possible. Ainsi, au lieu d'écrire :

J'ignore ce que vous penserez de ma décision...

la tournure suivante sera préférable :

Rien dans votre attitude ne peut me laisser prévoir votre réaction à cette décision...

Un second exemple, très fréquent, permet d'envisager une modification systématique de certains passages :

J'ai bien reçu l'offre de prix que vous m'avez envoyée...

deviendra :

L'offre de prix que vous avez envoyée m'est bien parvenue...

Evidemment, cela ne signifie pas qu'il faut bannir systématiquement la première personne. Il est cependant nécessaire d'éviter son envahissement.

Le vocabulaire

Personne n'a assez de vocabulaire pour pouvoir se passer d'un bon dictionnaire. Cet outil, indispensable dès qu'on touche à l'écriture, sera heureusement complété d'un dictionnaire analogique ou d'un dictionnaire des synonymes afin d'éviter des répétitions trop abondantes du même mot là où il est possible d'apporter un peu de variété.

Le **dictionnaire des synonymes** vous donne, avec chaque mot, la liste de ceux qui ont à peu près la même signification.

Le **dictionnaire analogique** groupe les mots autour des grandes idées, des grands concepts auxquels ils se rattachent. Ce dernier est donc plus riche, puisqu'il peut attirer votre attention sur des nuances, sur des sujets proches de celui que vous traitez. On choisira un bon dictionnaire analogique, comme celui de François Suzzarini (Marabout Service n° 659).

Supposons que vous désiriez parler de *jalousie*. Et vous cherchez d'autres mots, des expressions qui vous permettent d'enricher le sujet de votre lettre. Dans le dictionnaire de François Suzzarini, vous trouverez :

Jaloux, envieux, exclusif, soucieux — Jalouser,

envier, porter envie à. Se jalouser, s'envier — Jalousement, soigneusement — Othello, rival, émule, concurrent, zélé.
Envie, dépit. Désir, tentation, démangeaison, soif, faim. Ambition, convoitise, avidité, cupidité, rapacité, vampirisme, concupiscence. Souhait, visée — Jalousie, treillis de bois, contrevent, volet, persienne — Gâteau feuilleté — Œillet (dianthus carbatus).
Sortes : dévoré, rongé de jalousie, rivalité, émulation, concurrence, zélotypie — *Manifestations :* voir d'un œil jaloux, jaunir, pâlir, sécher de jalousie. Etre chagrin, morose, sombre, méfiant, douter de, avoir des doutes, des inquiétudes, défiance, ombrageux, prendre ombrage, soupçonneux, soupçons, soupçonner, inquiet, espionner, épier, guetter, surveiller, craindre, crainte, redouter.
Contraste : confiance, crédulité, bonne foi, estime, assurance, tranquillité, amical, franchise — Extériorisation.

Les dictionnaires sont ainsi comme de grands magasins de mots. Une telle liste ne peut qu'approfondir une idée et lui donner toutes les nuances auxquelles on ne pensait même pas avant de commencer à écrire la lettre.

La grammaire

Le moins que vous puissiez faire, c'est éviter les erreurs de grammaire. Nous ne nous appesantirons pas sur les fautes d'orthographe. Mais méfiez-vous des concordances des temps, de l'utilisation des conjonctions, etc.

Le meilleur outil est sans doute ce *Bon Usage* de Maurice Grevisse (Œditions Duculot) que nous avons déjà cité. Mais il est épais et coûteux, et est donc réservé à ceux qui en font un usage très fréquent. Pour les autres, un ouvrage plus succinct comme le *Dictionnaire grammatical* de Georges Younes (Marabout Service n° 677) fera l'affaire. Il présente les difficultés de la langue française dans l'ordre alphabétique, et permet donc de ne pas s'égarer dans des recherches de règles complexes.

La langue française peut tout exprimer, mais elle est si fine que son usage peut entraîner de nombreuses erreurs. Tant qu'elles n'altèrent pas le sens de ce que vous écrivez, ce n'est qu'un demi-mal. Mais dès qu'elles prêtent à confusion, le but de votre lettre, qui est d'être compris, n'est pas atteint !

Votre personnalité

Tout ce que nous avons dit du style jusqu'à présent va en fait dans le sens d'une banalisation de celui-ci. Si tout le monde écrivait comme nous le conseillons, il n'y aurait plus aucune surprise ni dans le courrier, pour lequel il suffirait de recopier simplement les modèles que nous proposons, ni même dans la littérature. Et ce serait bien triste, bien gris...

Par conséquent, si nous voulions commencer par insister lourdement sur ces règles, le moment est venu de lâcher un peu la bride, et de vous autoriser certaines fantaisies.

Ces fantaisies, vous ne vous les permettrez cependant qu'avec des correspondants que vous connaissez bien, et dans les limites des rapports que vous entretenez avec eux. Tout est permis avec l'ami le plus cher, mais il n'en va pas de même avec un compagnon de travail, par exemple.

Le principal défaut de la correspondance traditionnelle est d'être trop guindée. C'est qu'elle répond à des conventions précises et respecte un code censé être compris par tous. Ainsi des formules de politesse, auxquelles nous consacrons tout le chapitre suivant. Dans le courrier plus personnel, on a tout intérêt à balayer un peu ces conventions, à le rendre agréable et inattendu, à lui donner un peu de piment.

Vous constaterez aisément, dans les exemples de lettres amicales que nous vous donnons plus loin, combien il est possible de s'amuser en écrivant à des proches, et combien on peut s'amuser aussi en recevant de telles lettres.

Ce plaisir de la correspondance, il faudrait ne pas l'oublier. Il naît du dévoilement de votre personnalité et des échanges que vous faites avec la personnalité d'un autre. Il évite d'envisager la correspondance sous son seul aspect administratif et, qui sait, donne le goût d'écrire...

Les formules-types

Elles sont très nombreuses, les formules dont on se demande toujours laquelle il convient d'employer dans quelle circonstance, d'autant que le vocabulaire qui y est utilisé est complètement passé de mode dans tout autre contexte. *Agrée*-t-on autre chose que des salutations distinguées ?

Il y a un usage général, qui tend d'ailleurs à se simplifier — ce dont personne ne se plaindra —, mais aussi de multiples usages particuliers dont il faut tenir compte avec des correspondants précis. Ces cas particuliers, nous en donnons une liste aussi complète que possible en fin de chapitre. Mais commençons donc par l'usage le plus courant.

L'appel

C'est ce par quoi commence la lettre proprement dite. On y interpelle le correspondant.

Monsieur est le cas le plus fréquent. Il s'utilise notamment lorsqu'on ignore si le correspondant est un homme ou une femme, quel que soit l'éventuel rapport hiérarchique. Cet appel un peu raide sera réservé cependant à des correspondants avec lesquels on n'entretient pas de relations privilégiées.

Madame ou **Mademoiselle** s'utilisent évidemment quand on sait exactement à qui on s'adresse, mais toujours sans entretenir de relations privilégiées avec cette personne.

Cher Monsieur, Chère Madame, sont à peine plus intimes et dénotent surtout de l'estime.

Une *femme* n'utilise pas *Cher Monsieur*, mais simplement *Monsieur* ou *Cher ami*.

Cher ami, **Chère amie**, sont à la fois proches et distants et seront interprétés plutôt d'un côté ou de l'autre selon les rapports que vous entretenez avec le correspondant.

Mon Cher X. s'utilise avec un correspondant appartenant au cercle le plus étroit des relations.

Cher Jacques, Mon Cher Jacques, etc. ne s'utilisent qu'entre amis très proches ou de parents à enfants. Toujours au moins lorsque des liens très étroits rapprochent l'expéditeur du destinataire.

Mon Cher Confrère, Mon Cher Collègue, Cher Collègue et ami, s'utilisent, pour le premier (qui peut être aussi complété par la manifestation d'amitié) entre professions libérales, pour le second entre fonctionnaires.

Il est nécessaire de respecter les titres de la personne à laquelle on s'adresse. On passe là dans des catégories plus précises pour lesquelles nous vous renvoyons en fin de chapitre, non sans avoir laissé entrevoir au passage la possibilité d'une plus grande fantaisie avec le secours de l'imagination et de l'intimité : Mon amour, Cher toi, Chers parents, Cher parrain, etc.

La formule de politesse

Nécessaire ? Pas nécessaire ? Cela dépend...

Dans le courrier administratif, considérez qu'elle est tout à fait incontournable. Pour le courrier personnel, une grande latitude est permise, qui ne vous dispense pas de clore la lettre sur un mot, ou une petite phrase, destiné à marquer vos sentiments. Il faut donc envisager une gradation allant d'une grande familiarité à une rigueur très classique.

• **A un ami, une amie très proche, à un fils ou une fille...**

— Je t'embrasse.
— Amicalement.
— Bien à toi.
— A bientôt.
— Je pense à toi.
— Je suis de tout cœur avec toi.
— Toutes mes amitiés.
— Très cordialement à toi.
— Baisers.
— Cordialement.

• **A un ami, une amie moins proche, aux parents** (tutoiement ou vouvoiement selon les cas) :

— Croyez, cher X., à ma fidèle amitié.
— Recevez, cher ami, l'expression de ma respectueuse amitié.
— Je vous prie de croire, cher ami, à mon amical souvenir.
— Recevez, cher ami, l'assurance de mes sentiments très cordiaux.
— Veuillez croire, chère amie, à toute ma sympathie.
— Bien cordialement à vous.
— Meilleurs souvenirs.
— Bien à vous.

• **A une connaissance, un égal ou un inférieur :**
— Veuillez recevoir, Monsieur, mes sincères salutations.
— Veuillez agréer, Monsieur, mes salutations distinguées.
— Croyez, Monsieur, à mes sentiments les meilleurs.
— Veuillez croire, Monsieur, à mon respectueux souvenir.
— Recevez, Monsieur, l'assurance de ma considération distinguée.
— Recevez, Monsieur, mes meilleures salutations.
— Je vous prie d'agréer, Madame, mes respectueux hommages.
— Recevez, Madame, l'assurance de mon entier dévouement.
— Agréez, Monsieur, l'assurance de mes sentiments les meilleurs.
— Sincères salutations.
— Salutations distinguées.

• **A un supérieur :**
— Veuillez agréer, Monsieur, l'expression de mes sentiments dévoués.

— Je vous prie d'agréer, Madame, l'hommage de ma profonde gratitude.
— Daignez recevoir, Monsieur, l'assurance de mes sentiments respectueux.
— Croyez, Monsieur, à ma très haute considération.
— Veuillez agréer, Monsieur, l'expression de mes sentiments les plus distingués.
— Veuillez agréer, Monsieur, l'hommage de ma considération respectueuse.
— Recevez, Monsieur, l'assurance de ma profonde gratitude.
— Je vous prie d'accepter, Monsieur, l'expression de mes sentiments les plus respectueux.

• **A un supérieur envers qui on marque une déférence particulière :**
— Je vous prie d'agréer, Monsieur, l'expression de mon plus profond respect.
— Veuillez, je vous prie, Madame, accepter l'hommage de tout mon respect.
— Je vous prie de croire, Monsieur, à mon plus profond respect.

Vous le constatez, les mots sont souvent interchangeables, mais une série de règles tirées de l'usage permet de jongler presque naturellement avec ces expressions parfois désuètes.
— Une nuance de respect croissant se marque entre *recevoir*, *accepter* et *agréer*.
— La même nuance se marque entre *assurance* et *expression* (ce deuxième mot marquant un respect accru).
— *Je vous prie*, en ajoutant un élément, marque une déférence plus grande.
— Les *hommages* ne se présentent qu'à une femme,

et de la part d'un homme. Pour une jeune fille, on se contentera de *sentiments respectueux*.

— La hiérarchie se traduit aussi par le choix fait entre *distingués*, pour un subalterne, *très distingués*, pour un égal, ou *les plus distingués*, pour un supérieur (cette règle n'est plus que rarement appliquée).

— Lorsque la formule finale est précédée d'une remarque (comme : *Espérant que*, *Dans l'attente de...*, etc.), on utilise toujours une formule commençant par « *je* » : *vous prie d'agréer, de recevoir, de croire à...* etc.

— Si un titre ou une qualité quelconque a été utilisé dans l'appel, il faut le reproduire dans la formule finale. De *Cher Ami* à *Monsieur le Directeur*, cette règle ne peut être oubliée que dans le cas d'un titre trop long (*Monsieur le Chef de Service* peut devenir simplement *Monsieur*) ou d'une formule finale plus impersonnelle (*Bien à vous*, etc.).

L'évolution des rapports

Autant pour ce qui concerne l'appel que la formule de politesse finale, il faut veiller à observer une certaine logique dans l'usage qu'on en fait. Par exemple, votre correspondant aura de quoi s'interroger si, après lui avoir donné du *Cher Monsieur*, vous passez tout à coup à *Monsieur* pour, la fois suivante, en venir à *Cher Ami*.

Le plus simple, tant que vos rapports ne changent pas avec un correspondant, c'est de lui servir toujours le même plat. Il s'y habitue et finit par le trouver naturel.

A partir de là, vous disposez en outre d'un solide point de départ pour marquer, selon l'évolution de vos rapports, plus de chaleur ou de froideur. Il comprendra vite, et cela vous évitera des phrases inutiles.

Tout cela est un code, bien entendu, qu'il faut apprendre à utiliser au mieux. Car c'est aussi une arme.

La partie du code la plus rigide concerne des correspondants particuliers auxquels s'attachent des appels et des formules de politesse très précises, dont voici la liste.

Les formules particulières

Pour chaque titre ou qualité, nous donnons d'abord l'appel et, lorsqu'il y a lieu, la formule finale à utiliser.

Académicien
— Maître, Cher Maître.
— Je vous prie d'agréer, Maître, l'expression de ma respectueuse considération.

Ambassadeur
— Monsieur l'Ambassadeur.
— Veuillez agréer, Monsieur l'Ambassadeur, l'assurance de ma très haute considération.

Archevêque et évêque
— Monseigneur, Monsieur l'Evêque (l'Archevêque).
— J'ai l'honneur d'être, Monsieur l'Evêque (l'Archevêque), votre très dévoué serviteur.

Ou : Daigne Votre Excellence recevoir l'assurance de ma plus haute considération.

Avocat, notaire

— Maître, Cher Maître, Monsieur le Bâtonnier.

— Veuillez agréer, Maître, l'assurance de mes sentiments distingués.

Cardinal

— Eminentissime Seigneur, Eminence, Monsieur le Cardinal.

— J'ai l'honneur d'être, Monsieur le Cardinal, votre très dévoué serviteur.

Ou : Daigne Eminentissime Seigneur (ou : Votre Eminence) agréer l'hommage de mon profond respect.

Député, sénateur

— Monsieur le Député, Monsieur le Sénateur.

— Veuillez agréer, Monsieur le Député (Sénateur), l'expression de ma considération distinguée.

Duc et autres représentants de la noblesse

— Monsieur le Duc (Comte, Baron, etc.).

— Je vous prie d'agréer, Monsieur le Duc, l'assurance de ma respectueuse considération.

Ou : Veuillez agréer, Monsieur le Comte (Baron, etc.), l'expression de mes sentiments très distingués.

Magistrat

— Monsieur le Conseiller (Professeur, Président, Premier Président, etc.).

— Veuillez agréer, Monsieur le Conseiller, l'assurance de ma haute considération (ou : de ma considération la plus distinguée).

Ou : Veuillez agréer, Monsieur le Conseiller, l'expression de mon profond respect.

Militaire gradé

— Mon (*réservé aux hommes*) Général, Colonel, etc.
— Veuillez croire, (mon) Général (Colonel, etc.), à mes sentiments respectueux.
Ou : Veuillez agréer, (mon) Général (Colonel, etc.), l'expression de mon respect.

Ministre

— Monsieur le Ministre.
— Veuillez agréer, Monsieur le Ministre, l'expression de ma haute considération.
Ou : Veuillez agréer, Monsieur le Ministre, l'expression de mes sentiments déférents et dévoués.

Pape

— Prosterné aux pieds de Votre Sainteté et implorant sa bénédiction apostolique.
— J'ai l'honneur d'être, Très Saint-Père, avec le plus profond respect, de Votre Sainteté, le très humble et obéissant fils.

Président de la République

— Monsieur le Président de la République.
— Daignez agréer, Monsieur le Président de la République, l'hommage de mon profond respect.
Ou : Daignez agréer, Monsieur le Président de la République, l'expression de ma très haute considération.

Religieuse, religieux

— Ma sœur (*non cloîtrée*), Ma Mère (*cloîtrée*), Madame la Supérieure, Mon Père.

— Je vous prie d'accepter, ma Sœur (ma Mère, Madame la Supérieure), l'expression de mon respect.

Veuillez agréer, mon Père, l'expression de mes sentiments respectueux.

Roi

— Sire.

— J'ai l'honneur d'être, Sire, de Votre Majesté, le très humble et très obéissant serviteur.

Modèles de lettres

Nous avons regroupé les 200 modèles de lettres par grands thèmes, de manière à ce qu'il soit possible de trouver réunis plusieurs exemples proches.

Avant chaque groupe de lettres, une brève présentation indique les règles particulières au courrier relatif au domaine abordé.

Administration

Prise au sens large, l'administration peut être l'objet de nombreuses lettres très différentes. Quelques caractéristiques communes permettent cependant de les grouper ici.

D'abord, ces lettres doivent être écrites avec beaucoup de **précision** et de **concision**. Il faut dire exactement ce qu'on souhaite communiquer — ce qu'on désire demander, le plus souvent — et le plus rapidement possible. Dans la majorité des cas, on s'adresse en effet à des fonctionnaires qui passent leurs journées à dépouiller du courrier de ce type. Ils n'ont donc pas de temps à perdre.

Ensuite, les lettres doivent être adressées à la personne compétente : un chef de service, le maire, le commissaire de police, un ministre, etc. Même si vous n'ignorez pas qu'une lettre adressée au ministre, quel qu'il soit, est le plus généralement lue par un chef de service, certaines demandes exigent de lui être adressées. C'est le cas, par exemple, de la demande d'obtention du statut d'objecteur de conscience (lettre 14).

Enfin, ces lettres gagneront toujours à ne pas être trop directes. Il vaut mieux **solliciter** qu'**exiger**. Le risque est grand de provoquer une réaction de refus bien compréhensible en adoptant la deuxième attitude.

L'administration est, en tout cas, une mine de destinataires de lettres : les écrits restent, les paroles s'envolent. C'est particulièrement vrai dans ce secteur où on peut être à peu près certain que tout le courrier est soigneusement classé et où il est donc toujours possible de faire référence à une lettre antérieure. C'est dire qu'il est utile de faire une copie de chaque envoi.

Pour éclairer votre parcours dans cette première série de lettres, en voici la liste :

1. *Demande de document officiel (extrait d'acte de naissance).*
2. *Fin de bénéfice des allocations familiales.*
3 à 5. *Impôts. Difficultés de paiement ou erreurs.*
6 et 7. *Demande d'intervention du médiateur.*
8. *Demande de bénéfice d'une allocation des handicapés.*
9. *Demande de bénéfice du Minimum Vieillesse Garanti.*
10. *Retraite. Demande de renseignements.*
11. *Demande personnelle d'une aide sociale.*
12. *Demande pour un tiers d'une aide sociale.*
13. *Inscription sur les listes électorales.*
14. *Demande du statut d'objecteur de conscience.*

15. *Plainte pour tapage nocturne.*
16. *Plainte pour mauvais état de la chaussée.*
17. *Réponse à une enquête publique.*
18. *Déclaration de perte d'objet.*

Il va de soi que toutes les situations ne sont pas couvertes par ces quelques exemples. Aussi n'est-il pas inutile de préciser comment vous pouvez modifier un modèle de lettre pour le faire correspondre davantage à vos besoins immédiats.

Supposons d'abord, à partir de la lettre 2, que la situation soit inverse : votre fils a travaillé un an et reprend des études. Vous désirez savoir si vous pouvez bénéficier à nouveau des allocations familiales. Vous modifierez les deux premiers paragraphes comme suit :

> *Mon fils Henri, né le 15 novembre 1968, vient de quitter l'emploi qu'il occupait depuis un an pour poursuivre ses études.*
>
> *Puis-je donc bénéficier à nouveau des allocations familiales que votre caisse m'avait versées auparavant ?*

Autre hypothèse : au lieu d'avoir à vous plaindre du tapage nocturne, vous déplorez les agissements d'une personne du quartier (lettre 15). Ne modifiez que le deuxième paragraphe :

> *Malheureusement, depuis deux mois, nous assistons presque quotidiennement aux scènes de ménage provoquées par Monsieur X., qui rentre chez lui dans un état d'ébriété avancé. De plus, c'est un exemple déplorable pour les enfants, nombreux dans le quartier.*

1 / Demande de document officiel (extrait d'acte de naissance)

Monsieur,

Auriez-vous l'obligeance de me faire parvenir un extrait d'acte de naissance au nom d'Albert Cousin, né à Amiens le 8 mars 1948, fils de Gérard Cousin et de Simone Legrain ?

Ce document m'est nécessaire pour postuler un emploi à la Mairie de Lille.

Avec mes remerciements, recevez, Monsieur, l'assurance de ma considération distinguée.

2 / Allocations familiales - Fin de bénéfice

Monsieur le Directeur,

Mon fils Henri, né le 15 novembre 1968, vient d'arrêter ses études pour un emploi qui lui semble plus intéressant.

Je ne peux donc plus bénéficier des allocations familiales que votre caisse me versait jusqu'à ce jour, et je tenais à en avertir immédiatement vos services afin d'éviter tout problème.

Recevez, Monsieur le Directeur, l'assurance de ma considération distinguée.

3 / Impôts - Difficultés de paiement

Monsieur le Percepteur,

Le délai de paiement pour mes impôts relatifs aux revenus de 1984 arrive à expiration. Et mes revenus actuels, qui ont fortement diminué par rapport aux années précédentes, ne me permettront pas de payer la somme due dans ce délai.

Aussi j'ai l'honneur de solliciter de votre compréhension l'autorisation d'un délai supplémentaire, ou un fractionnement en plusieurs versements étalés dans le temps.

Je vous remercie de l'attention que vous voudrez bien accorder à cette demande et vous prie d'agréer, Monsieur le Percepteur, l'expression de mes sentiments respectueux.

4 / Impôts - Erreur du montant

Monsieur le Percepteur,

J'ai été désagréablement surpris par le montant des impôts à régler sur mes revenus de 1985. En effet, ils sont tout à fait comparables à ceux de 1984 (je vous joins copie de ma déclaration de cette année-là), et la différence me paraît anormalement importante.

Pouvez-vous vérifier ? Peut-être une erreur s'est-elle glissée dans un calcul ?

Je suis évidemment à votre disposition pour vous fournir tout renseignement complémentaire qui pourrait vous aider à éclaircir ce problème.

Je vous remercie de tenir compte de ma demande et vous prie d'agréer, Monsieur le Percepteur, l'expression de ma considération distinguée.

5 / Impôts - Erreur du montant

Monsieur l'Inspecteur des Contributions,

Je viens de recevoir la notification des impôts à payer sur les revenus de 1985.

Il me semble que je pourrais bénéficier d'une réduction d'imposition, car une erreur s'est glissée dans le calcul en ma possession. En effet, alors que j'ai deux enfants, un seul a été pris en compte pour ce calcul. Ma déclaration portait cependant clairement cette indication.

Je vous saurais gré de bien vouloir vérifier rapidement ce calcul afin que je ne sois pas contraint d'avancer de l'argent que je ne devrais pas payer.

Veuillez agréer, Monsieur l'Inspecteur, l'expression de mes sentiments distingués.

6 / Impôts - Demande d'intervention

Monsieur le Député,

Je suis en conflit avec la Direction générale des Impôts depuis 1982, au sujet de mes revenus de 1981.

Vous trouverez en annexe à cette lettre le volumineux dossier de cette affaire, ainsi qu'un récapitulatif de tous les documents.

Mon dernier recours réside dans l'intervention du Médiateur, auprès de qui je vous serais très obligé de bien vouloir présenter mon cas.
L'administration est une machine bien lourde, et rien ne semble pouvoir l'arrêter quand elle est lancée. Je sais cependant que le Médiateur a ce pouvoir, et j'ose espérer qu'il l'exercera lorsqu'il aura vérifié le bien-fondé de ma requête.

Je reste à votre disposition et à la sienne pour tout renseignement complémentaire.

Veuillez agréer, Monsieur le Député, l'expression de ma considération distinguée.

7 / Impôts - Demande d'intervention du médiateur

Monsieur le Médiateur,

Je suis en conflit avec la Direction générale des Impôts depuis 1982, au sujet de mes revenus de 1981. On me réclame encore actuellement la somme de 32 567 francs, alors que je suis persuadé d'être en règle et de n'avoir plus aucune dette de ce genre. Un fonctionnaire me l'a d'ailleurs un jour confirmé oralement, mais il ne pouvait, m'a-t-il dit, « gommer d'un coup toutes les démarches entreprises ».

Vous trouverez en annexe à cette lettre le volumineux dossier de cette affaire, ainsi qu'un récapitulatif de tous les documents.

Vous êtes, Monsieur le Médiateur, mon dernier recours. L'administration est une machine bien lourde, et rien ne semble pouvoir l'arrêter quand elle est lancée. Je sais cependant que vous en avez le pouvoir, et j'ose espérer que vous l'exercerez lorsque vous aurez vérifié le bien-fondé de ma requête.

Je reste à votre disposition pour tout renseignement complémentaire.

Veuillez agréer, Monsieur le Médiateur, l'expression de ma très haute considération.

8 / Demande de bénéfice d'une allocation des handicapés

Monsieur le Chef de Service,

Le handicap dont je souffre depuis dix ans, et qui était estimé à 50 % d'incapacité de travail, s'est soudainement aggravé depuis un mois, et je suis devenu complètement incapable de m'inscrire dans le cadre d'un travail normal.

Je souhaite donc que mon dossier soit revu afin que je puisse percevoir l'allocation des handicapés à laquelle mon état me donne droit.

Je vous prie d'agréer, Monsieur, l'expression de mes sentiments distingués.

9 / Demande de bénéfice du Minimum Vieillesse Garanti

Monsieur le Directeur de la Sécurité Sociale,

Ma carrière a été plusieurs fois interrompue, ce qui m'empêche d'obtenir une retraite normale. Je joins en annexe les pièces du dossier.

Je vous serais donc obligé de me faire obtenir le Minimum Vieillesse Garanti auquel j'ai droit pour compléter des revenus nettement insuffisants.

Vous en remerciant, je vous prie d'agréer, Monsieur le Directeur, l'assurance de toute ma considération.

10 / Retraite - Demande de renseignements

Monsieur,

A quelques années de la retraite, je désire connaître la marche à suivre afin d'éviter tout problème lorsque je quitterai la vie active.

Existe-t-il un document qui reprend les droits et les devoirs du travailleur dans cette situation ? Et si oui, pouvez-vous me le faire parvenir ?

Je vous en remercie et vous prie d'agréer, Monsieur, l'expression de mon profond respect.

11 / Demande personnelle d'une aide sociale

Monsieur le Maire,

Par suite d'un malheureux concours de circonstances, je suis actuellement sans le moindre revenu.

Je vous serais obligé de bien vouloir le signaler au Bureau d'aide sociale, afin qu'il puisse prendre les mesures nécessaires à mon égard.

Je reste à votre disposition pour tout renseignement complémentaire.

Veuillez agréer, Monsieur le Maire, l'assurance de toute ma considération.

12 / Demande pour un tiers d'une aide sociale

Monsieur le Maire,

Par suite d'un malheureux concours de circonstances, un de mes voisins, Monsieur X., se trouve actuellement sans le moindre revenu.

Bien qu'il ne souhaite pas, par fierté, demander de l'aide, je vous serais obligé de bien vouloir signaler ce cas au Bureau d'aide sociale, afin qu'il puisse prendre les mesures nécessaires.

Je vous en remercie pour lui et vous prie d'agréer, Monsieur le Maire, l'assurance de toute ma considération.

13 / Inscription sur les listes électorales

Monsieur le Maire,

Ayant atteint l'âge de 18 ans, je sollicite mon inscription sur les listes électorales.

Je joins les pièces requises pour cette inscription.

Je vous prie d'agréer, Monsieur le Maire, l'expression de mes sentiments respectueux.

14 / Demande du statut d'objecteur de conscience

Monsieur le Ministre des Armées,

Ayant reçu la convocation ci-jointe, j'ai l'honneur de solliciter de votre haute bienveillance le statut d'objecteur de conscience.

A cet effet, je vous serais obligé de bien vouloir m'accorder la protection légale qui s'y rattache.

Je suis à votre disposition pour répondre à toute convocation relative au service civil que j'effectuerai en remplacement du service armé.

Je vous prie d'agréer, Monsieur le Ministre, l'assurance de ma respectueuse considération.

15 / Plainte pour tapage nocturne

Monsieur le Commissaire,

Le quartier que nous habitons est très agréable, et c'est la raison pour laquelle nous l'avons choisi.

Malheureusement, depuis deux mois, le calme a disparu tous les samedis soirs, et il est devenu difficile de trouver le sommeil avant le petit matin. Vous reconnaîtrez que c'est là une nuisance particulièrement désagréable, due à l'organisation sans autorisation d'espèces de courses de motocyclettes.

Pouvez-vous faire cesser ces agissements ? Je pense que la seule présence d'une patrouille de police suffirait à rétablir le calme auquel nous aspirons tous dans ce quartier.

Vous en remerciant, je vous prie d'agréer, Monsieur le Commissaire, l'assurance de ma courtoise considération.

16 / Plainte pour mauvais état de la chaussée

Monsieur le Maire,

La rue Gochet, dans laquelle j'habite, a été singulièrement victime des méfaits de l'hiver, particulièrement au moment du dégel où de lourds camions continuaient d'y circuler.

Suite à cela, nous avons à souffrir depuis plusieurs mois de son état précaire : nombreux trous dans la chaussée, déformations très sensibles par endroits, dégradations du bitume sur les bords devenus terreux... Je pense que l'hiver prochain, s'il est aussi rude que le dernier, transformera notre rue en chemin de terre et, partant, en bourbier à chaque occasion de pluie.

Il me semble donc — de nombreux autres habitants de la rue sont du même avis — qu'une réfection s'impose d'urgence.

Vous remerciant de l'attention que vous voudrez bien accorder à cette requête, je vous prie d'agréer, Monsieur le Maire, mes sentiments respectueux.

17 / Réponse à une enquête publique

Monsieur le Maire,

Ayant eu connaissance d'une enquête publique au sujet de l'installation possible d'une scierie dans mon voisinage, je dois vous informer de mon opposition à ce projet.

En effet, le quartier choisi pour cette installation est actuellement très calme et c'est la raison pour laquelle la plupart de ses habitants ont choisi d'y vivre. Il est évident que le bruit provoqué par une scierie dénaturerait complètement l'environnement.

Par conséquent, il me semble préférable de chercher un autre emplacement pour cette scierie, soit dans une zone déjà industrialisée, soit plus loin d'un quartier habité.

Vous remerciant de l'attention que vous accorderez à ces remarques, je vous prie d'agréer, Monsieur le Maire, l'expression de mes salutations distinguées.

18 / Déclaration de perte d'objet

Monsieur le Chef de Service,

J'ai perdu, lundi dans le métro, une serviette contenant des documents très importants pour moi et inutilisables par un éventuel voleur. Peut-être donc aboutira-t-elle aux objets perdus.

Il s'agit d'une serviette de cuir noir avec une fermeture à glissière. Elle mesure environ 50 cm sur 30 cm, et contient des factures et des projets de plans d'habitation. Je l'ai perdue entre les stations George V et Bastille.

Auriez-vous l'obligeance de m'avertir si elle entrait en votre possession ?

Vous en remerciant, je vous prie de croire, Monsieur, à mes sentiments distingués.

Amitié

Les lettres qu'on envoie par amitié sincère sont parmi les plus agréables à rédiger. Elles ne sont liées à aucune obligation et permettent toutes les nuances dans un geste gratuit, posé seulement pour le destinataire.

Il suffit de tenir compte du degré d'intimité de chaque relation amicale pour ne commettre aucun impair. Evidemment, cette intimité peut s'estomper avec le temps et ils sont rares, les amis avec qui on peut reprendre une conversation très personnelle comme si on les avait quittés hier, alors qu'on n'a plus donné de nouvelles pendant deux ans.

Tout est donc affaire de tact, de finesse. Nous n'avons donné que trois modèles de lettres amicales. Elles auraient pu être cent... Du moins tentent-elles de marquer une certaine gradation dans la complicité plus ou moins grande supposée par l'expéditeur entre le destinataire et lui-même.

19. *Reprise de contact après un long silence. Vouvoiement.*
20. *Demande un peu inquiète de nouvelles. Tutoiement.*
21. *Informations sur soi pour en obtenir sur le destinataire en échange. Tutoiement.*

19 / Reprise de contact après un long silence

Cher ami,

Il y a longtemps déjà que je voulais vous écrire pour vous dire combien je pense toujours à vous. Mais la vie ne cesse de nous entraîner sur des chemins différents, et vous auriez pu penser que je vous avais complètement oublié.

C'est loin d'être le cas, et je souhaiterais d'ailleurs que nous puissions nous revoir prochainement, afin de mieux mesurer ce qui nous tient encore proches l'un de l'autre.

Pensez-vous possible de vous laisser inviter à dîner un soir de la semaine prochaine ?

J'attends votre réponse et vous prie de croire à ma fidèle amitié.

20 / Demande de nouvelles

Chère Monique,

Voilà deux fois déjà que je t'écris sans que cela provoque une réponse, et je ne parviens pas à t'appeler par téléphone. Je suis un peu inquiète de ne pas savoir du tout ce que tu deviens et, tu le devineras, ton silence n'arrange rien.

Tu n'ignores pas que je serais très heureuse de te savoir au moins en bonne santé et un petit mot pour me le dire — et seulement cela si tu n'as pas envie de parler d'autre chose — serait le bienvenu.

Un petit effort ! Tu as bien dix minutes à perdre pour m'écrire, non ? Ou alors, j'ai encore davantage de raisons de m'inquiéter... Mais j'espère que c'est pour rien.

Avec toute mon amitié.

21 / Informations et demande de nouvelles

Cher Robert,

Je n'ai rien de vraiment particulier à te dire, j'ai simplement envie de te donner des nouvelles pour en avoir de toi. Comment vas-tu ? C'est en réalité la seule question que je désire te poser, le reste — ce qui va suivre — n'est là que pour faire semblant de justifier la lettre.

Mes affaires se portent assez bien. Evidemment, on espère toujours davantage, mais j'aurais tort de me plaindre. Face à la concurrence, je me débrouille avec l'aide de collaborateurs efficaces, et mon épouse Anne m'est d'un grand secours. Elle est comme une fée qui installe la sérénité autour d'elle. Dans ce climat idéal, je ne peux que prospérer... en poids aussi, d'ailleurs, je crains que ce soit la première chose qui te saute aux yeux lorsque nous nous verrons.

Parle-moi de toi, dis-moi ce que tu fais, et peut-être aussi quand nous pourrons nous voir, si tu as un peu de temps.

Amicalement.

Amour

Voilà bien le sujet le plus intime, le plus délicat dans un livre comme celui-ci. Des modèles ne peuvent être que de vagues sources d'inspiration, et seules quelques règles seront utiles avant d'écrire ces lettres passionnées où la mesure se perd souvent.

Une déclaration d'amour n'est reçue comme on l'espère que si le (la) correspondant(e) éprouve les mêmes sentiments. Il faut donc chercher à s'installer, par écrit, sur la même longueur d'ondes. Par exemple, même si vous êtes indécrottablement romantique, savoir que l'être aimé est beaucoup plus prosaïque devrait, dans tous les cas, mettre un frein à des épanchements qu'il (elle) trouverait saugrenus, voire même déplacés.

Si personnelles que soient ces lettres, il faut toujours craindre qu'elles tombent entre des mains étrangères. Jusqu'où aller dans des aveux qui touchent à la vie très privée ? C'est affaire de confiance, de bon sens... Mais, bien entendu, non seulement l'amour rend aveugle mais aussi il rend fou. Alors, ces pieux conseils sont peut-être inutiles...

Ce qui entoure l'amour peut aussi être rupture, ou recherche d'une rencontre comme on en trouve par les petites annonces spécialisées de certains journaux. Nous avons abordé ces aspects également. Ils correspondent mieux à un état d'esprit qui permet d'utiliser des modèles.

De toute manière, et puisque les conseils de modération que nous donnons (par acquit de conscience ?) ne seront pas suivis, voici un exemple que nous n'aurions osé écrire nous-même, tant il est habité par cette folie amoureuse contre laquelle nous vous mettons en garde. Mais son auteur est l'un des grands amoureux de l'Histoire. Voici donc ce qu'écrivait Victor Hugo à Juliette Drouet le 12 juillet 1834 :

Il est sept heures. On dîne. J'en profite pour t'écrire. On m'a posé les sangsues au bras hier à minuit. J'ai souffert toute la nuit et ne pouvant dormir j'ai pensé à toi, à toi, mon talisman, mon amour, ma joie, ma guérison !

Ce matin je t'ai écrit quatre lignes que tu as dû recevoir.

Je t'aime, je voudrais t'avoir près de moi. Ne t'inquiète pas. Cet accident ne sera rien. Je pense que je pourrai t'aller voir demain. Dans tous les cas, je tâcherai de t'envoyer Châtillon s'il vient chez moi. Ne t'inquiète pas pourtant si tu ne voyais ni lui ni moi. Je trouverai toujours moyen de t'écrire.

Tu recevras cette lettre demain en t'éveillant.

Ici un baiser.

Je t'aime plus que la vie et plus que le ciel auquel tes yeux ressemblent.

Ecris-moi de longues lettres que je te prendrai avec des millions de baisers.

Je baise tes pieds, tes mains, tes yeux. Mon âme est près de ton âme. Je ne suis pas absent de toi.

Dans quelques heures peut-être je te reverrai. Mais ne t'inquiète pas quand même cela se prolongerait un peu. Ce n'est rien.

A bientôt, mon amour ! Je souffre un peu, mais je t'aime !

Et ne reculant devant rien, Victor Hugo a dessiné, à côté des mots : « Ici un baiser », le contour de lèvres !

Après cette déclaration enflammée, revenons à notre sens de la mesure, pour détailler la brève liste des modèles proposés :

22. *Déclaration d'amour.*
23. *Accueil enthousiaste.*
24. *Accueil froid. Sentiments non partagés.*
25. *Lettre d'amour pendant l'absence.*
26. *Prise de contact après une petite annonce.*

22 / Déclaration d'amour

Isabelle,

Il est temps, me semble-t-il, de parler de choses sérieuses. Nous nous voyons souvent, mais pourquoi ? Simplement pour le plaisir de nous retrouver en des lieux ou avec des gens que nous aimons tous les deux — et donc, un peu par hasard ? Ou bien plutôt pour être ensemble ?

Poser la question, c'est y répondre, n'est-ce-pas ? Quand le hasard multiplie les coïncidences, il n'est plus tout à fait du hasard, me semble-t-il...

Autant te l'avouer — mais sans doute, tu le savais déjà — : je suis amoureux de toi à tel point que je suis prêt à te suivre partout où tu as envie d'aller.

Voilà. Les choses seront sans doute plus claires désormais. Si tu veux m'éviter, tu sais que ce sera difficile, mais rien n'est jamais impossible... Par conséquent, même si tu n'as pas envie d'en parler, je saurai rapidement, selon que je continue à te rencontrer ou non, si tu partages mes sentiments.

Je t'embrasse amicalement, comme d'habitude, en attendant que peut-être tu m'autorises davantage...

23 / Accueil enthousiaste

Cher Patrick,

Je commençais à me demander si tu allais te décider un jour. Evidemment, grand sot, que je partage tes sentiments ! Sinon, pourquoi crois-tu que je côtoierais encore tes amis qui m'ennuient ?

C'est toi qui m'intéresses, et depuis plus longtemps que tu ne le penses !

Ceci dit, on se voit le week-end prochain comme d'habitude, bien entendu. On trouvera bien un moment pour s'isoler et parler tranquillement de tout cela — et de ce qui pourra suivre — avant de mettre les autres au courant. Nous sommes les premiers concernés, et je n'aimerais pas que ce genre de nouvelle circule partout sans que nous nous soyons mis d'accord sur un certain nombre de choses.

En attendant le week-end, je t'autorise à m'embrasser un peu plus qu'amicalement, et je fais de même.

24 / Accueil froid - Sentiments non partagés

Cher Patrick,

Ta lettre m'a fait plaisir, parce qu'il est toujours agréable de se sentir aimée. En même temps, je m'interroge... Bien sûr, nous nous retrouvons souvent au même endroit. Mais il y a aussi Jean et Luc, Sandrine et Lucie... Faut-il donc que tous soient nécessairement amoureux les uns des autres pour avoir ainsi du plaisir à se voir souvent ?

Il ne faut pas rêver trop, mon petit Patrick. Je t'aime bien, mais je sens que je t'aimerais moins si tu devenais bêtement amoureux de moi, avec des grands yeux, de grands silences chargés de sens secrets, et tout et tout...

Ne jouons pas à cela, veux-tu ? Il y a quand même bien d'autres sujets de conversation, non ? Jusqu'à présent, tu n'as jamais été en manque, en tout cas. Cela ne peut donc pas commencer demain...

Ne t'inquiète pas trop de tout cela. Je t'embrasse... amicalement !

25 / Lettre d'amour pendant l'absence

Mon amour,

Tu me manques à chaque instant. Je voudrais être près de toi et tout me rappelle que tu es loin. Je sais bien que c'est provisoire et pourtant… Parfois, je rêve que nous n'arrivons plus à nous trouver… C'est un cauchemar, au terme duquel je me réveille en sueur. Les nuits où je fais ce rêve, je ne me rendors pas, je pense à toi… Et cela est beaucoup plus agréable comme tu t'en doutes.

Je devrais te donner des nouvelles aussi de tous ceux qui, ici, me parlent de toi. Mais je dois être un peu possessive, car je suis plutôt jalouse de constater parfois qu'un de tes amis connaît de toi des choses que j'ignorais. Ce n'est rien, je sais que nous avons le temps.

Ce temps qui passe et qui, heureusement, nous rapproche sans cesse du jour de ton retour. Tiens, j'en viens à aimer le temps qui passe ! J'ai bien changé, tu ne trouves pas ?

Tu es là-bas et je te rejoins en esprit pour t'embrasser tendrement. Je t'aime.

26 / Prise de contact après une petite annonce

Madame,

L'annonce que vous avez publiée dans « Le Parisien Libéré » m'a été droit au cœur. Il me semble que je cherche quelqu'un qui vous ressemble depuis longtemps.

Je suis moi-même veuf sans enfants, j'ai cinquante ans et un emploi stable qui me donne des revenus suffisants pour subvenir aux besoins d'un ménage.

C'est la première fois que je réponds à une annonce comme la vôtre. Peut-être est-ce un signe...

De toute manière, il faut maintenant que nous apprenions à nous connaître. Les cinq années de célibat forcé que je viens de vivre m'ont peut-être bien transformé en ours insupportable dont vous n'apprécierez pas les longs silences et les habitudes. Je suis prêt cependant à me civiliser à votre contact, si vous le désirez bien sûr.

J'attends votre réponse avec beaucoup d'impatience en vue d'un premier contact et vous prie de croire, Madame, à mes sentiments respectueux.

Argent

Les affaires d'argent sont de celles qui se traitent presque obligatoirement par écrit, parce que les échanges à leur sujet doivent laisser des traces.

On a plus souvent l'occasion d'écrire pour demander de l'argent que pour en réclamer, malheureusement. C'est donc dans cette direction que nous avons orienté les exemples. Avant d'en donner la liste complète, quelques conseils d'ordre général peuvent se révéler utiles.

La plus grande précision est de rigueur. Autant pour les raisons de la demande que pour la somme demandée et le délai de remboursement. Rien ne doit être laissé dans l'ombre, sous peine de faire l'objet de litiges par la suite.

Sans qu'il soit nécessaire de s'abaisser pour demander de l'argent, il est évident que le demandeur est toujours en situation d'infériorité par rapport à celui qui possède. Cette hiérarchie doit transparaître sans excès dans la lettre. En sens inverse, le pouvoir de l'argent ne doit pas provoquer de réponses hautaines, mais seulement fermes.

Enfin, les rapports d'argent n'interdisent pas l'amitié. Mais ce peut être un danger pour l'amitié que de la soumettre à l'épreuve de l'argent...

Voici les modèles proposés :

27. *Demande de prêt à un ami.*
28. *Réponse négative.*
29. *Réponse positive.*
30. *Remerciements après un prêt accepté.*
31. *Demande de prolongation d'un prêt.*
32. *Demande de remboursement d'un prêt.*
33. *Contestation d'une note d'honoraires.*
34. *Contestation d'un rappel de paiement.*
35. *Don d'argent.*
36. *Lettre à un notaire à propos d'une donation.*
37. *Reconnaissance de dette.*
38. *Déclaration de perte d'un carnet de chèques.*

27 / Demande de prêt à un ami

Cher André,

Tu as peut-être appris que j'avais perdu mon emploi il y a quelques mois. L'entreprise où je travaillais a fermé ses portes — la presse en a un peu parlé, mais cela n'a évidemment rien changé. Evidemment, je bénéficie d'indemnités de chômage, mais mes revenus ont sensiblement baissé d'un coup.

Or j'avais une dette qui était sur le point d'être apurée : je remboursais ma voiture à raison de 1 100 francs par mois, et cela encore pour trois mois maintenant. Et je vois mal comment cela me sera possible, à moins de revendre ce véhicule — au risque de manquer un emploi pour lequel j'aurais besoin d'une voiture.

Par conséquent, je me tourne vers toi en dernier recours, pour me dépanner pendant quelques mois si tu peux le faire. Pourrais-tu me prêter 2 000 francs que je te rembourserais en quatre mois ? Ma charge serait ainsi, grâce à toi, singulièrement allégée.

Je te remercie d'avance de ce que tu pourras faire, et te prie de croire à ma fidèle amitié.

28 / Demande de prêt — Réponse négative

Cher Didier,

Tu me demandes de t'apporter une aide financière, et c'est bien volontiers que je le ferais si cela entrait dans mes possibilités actuelles. Malheureusement, je suis moi-même tout à fait coincé actuellement dans des histoires trop longues à t'expliquer par écrit. Comble de l'ironie, je suis sur le point de solliciter un emprunt à ma banque...

Je te réponds donc immédiatement — négativement, hélas ! — pour que tu puisses éventuellement te tourner dans une autre direction et ainsi régler tes problèmes.

Il va de soi qu'en toute autre circonstance je n'aurais pas hésité à te rendre ce service. Tu me vois d'autant plus désolé de ne pouvoir le faire aujourd'hui.

Crois néanmoins à ma fidèle amitié.

29 / Demande de prêt - Réponse positive

Cher Didier,

J'avais en effet appris ce qui t'était arrivé, mais je ne savais que faire pour t'aider et je ne suis donc pas entré en contact avec toi à ce moment. Tu me donnes l'occasion de réparer ce qui pouvait sembler être de l'indifférence — et qui n'en était rien, je te l'assure —, et je saute dessus.

Bien sûr, les 2 000 francs dont tu as besoin sont à ta disposition. Je te les verserais aujourd'hui même sur ton compte si tu m'en avais donné le numéro. Téléphone-le moi dès que tu peux, et je te dépannerai ainsi.

Ne me remercie pas, je sais que tu aurais fait de même si les rôles avaient été inversés.

A bientôt. Amicalement.

30 / Remerciements après un prêt accepté

Cher André,

Tu me l'as interdit, mais je te remercie quand même de ta générosité ainsi que de ta vivacité à la manifester. Je n'irai pas jusqu'à dire que tu me sauves la vie, mais tu me tires quand même d'un très mauvais pas, et tu ne m'empêcheras pas de t'en être reconnaissant.

Je veillerai bien entendu à te rembourser cette dette d'argent régulièrement, à raison de 500 francs par mois comme je te l'avais promis.

Mais je considère maintenant avoir aussi envers toi une dette d'amitié que je te rembourserai à la première occasion.

Avec reconnaissance et amitié.

31 / Demande de prolongation d'un prêt

Monsieur,

Je dois vous rembourser, à la fin de ce mois, la somme de 5 000 francs que vous m'avez prêtée fin décembre, et dont je vous ai réglé régulièrement les intérêts.

Malheureusement, la rentrée d'argent sur laquelle je comptais ne s'est pas produite et est reportée de deux mois.

Est-il possible de prolonger le prêt de cette durée ? Je vous paierais, évidemment, les intérêts correspondant à cette prolongation.

Vous remerciant de l'attention que vous accorderez à cette demande, je vous prie d'agréer, Monsieur, l'expression de mon profond respect.

32 / Demande de remboursement d'un prêt

Cher Monsieur,

Je suis confus d'avoir à vous écrire ce mot. Mais une tuile me tombe sur la tête.

Dans la dernière lettre que vous m'aviez écrite, vous m'annonciez les 6 000 francs promis. Je n'ai cependant reçu que 5 000 francs à ce jour, et la différence me manque cruellement.

Seriez-vous assez bon pour verser ces 1 000 francs sur mon compte sans plus attendre ? Vous m'obligeriez infiniment.

Votre dévoué.

33 / Contestation d'une note d'honoraires

Maître,

J'ai bien reçu votre note d'honoraires, mais j'ai été surpris de constater qu'elle ne correspondait pas à ce qui avait été convenu lors de ma dernière visite à votre cabinet.

La somme que vous me réclamez devait, je vous le rappelle, faire l'objet de trois tranches de paiement, étalées sur trois mois.

Je veux croire qu'il ne s'agit là que d'une erreur de vos services, et ne vous tiendrai évidemment pas rigueur de celle-ci.

Je vous prie d'agréer, Maître, l'expression de mon profond respect.

34 / Contestation d'un rappel de paiement

Monsieur,

Je reçois aujourd'hui une lettre de rappel concernant la facture n° 1765 du 6 septembre 1986, portant sur la somme de 1 856 francs.

Le versement de cette somme a été effectué par l'intermédiaire de ma banque dès le 10 septembre. Je joins d'ailleurs une photocopie du bulletin de versement.

Je suppose que ce malentendu est ainsi complètement dissipé et vous prie d'agréer, Monsieur, l'expression de mes sentiments distingués.

35 / Don d'argent

Monsieur et Madame Serge X. vous prient de bien vouloir accepter le chèque ci-joint, petite participation aux frais que vous engagez pour mener à bien l'œuvre humanitaire qui est la vôtre.

Croyez à notre estime attentive.

36 / Lettre à un notaire à propos d'une donation

Maître,

Je souhaite faire bénéficier mes deux enfants d'une donation de mon vivant afin qu'ils puissent jouir de terrains dont je n'ai plus, à mon âge, la possibilité ni l'intérêt de tirer des revenus complémentaires.

Il m'est difficile de me déplacer. Pouvez-vous donc passer à mon domicile prochainement pour fixer les modalités pratiques de cette donation ?

Vous en remerciant, je vous prie d'agréer, Maître, l'assurance de ma considération distinguée.

37 / Reconnaissance de dette

Je soussigné Albert X., domicilié à Y., 14, rue des Faux, reconnais devoir à M. Georges Z., domicilié à Y., 16, rue des Faux, la somme de 6 000 (six mille) francs, reçue en prêt et que je m'engage à lui rembourser le 15 octobre, augmentée d'un intérêt au taux de 10 % l'an.

Fait à Y., le 15 avril 1986.

38 / Déclaration de perte d'un carnet de chèques

Monsieur le Directeur,

Mon chéquier a disparu aujourd'hui 8 août, en Allemagne où je me trouve en voyage. Il contenait encore cinq chèques, dont les numéros vont de 678 à 682.

Pouvez-vous prendre les mesures qui s'imposent pour faire opposition à ces chèques dont l'utilisation, dans les jours qui viennent, ne pourrait être le fait que d'une personne entrée illégalement en leur possession.

Vous en remerciant, je vous prie d'agréer, Monsieur le Directeur, l'expression de mes sentiments distingués.

Assurances

Le courrier aux compagnies ou aux agents d'assurance, ou encore celui qui concerne une assurance, doit surtout être précis. C'est pourquoi notre premier conseil sera de commencer toute lettre par des indications qui n'appartiennent pas véritablement au corps du texte, mais qui n'en sont pas moins tout à fait indispensables :

— Prénom, nom.

— Adresse complète et éventuellement n° de téléphone.

— Numéro de la police d'assurance.

C'est évidemment ce dernier élément, inhabituel, sur lequel nous désirons attirer votre attention.

Pour le reste, il convient d'exposer brièvement, mais clairement, les faits. Il est souvent utile de joindre en annexe des documents pouvant servir votre cause, même si la compagnie d'assurance est théoriquement déjà en sa possession (constat, rapport d'expert, etc.). Ces documents, généralement très précieux, feront évidemment l'objet de copies, et vous ne vous dessaisirez de l'original que si une réglementation précise l'exige.

Nous avons choisi trois exemples :

39. *Notification à la compagnie d'un accident.*
40. *Demande de témoignage.*
41. *Demande de révision de contrat.*

Envisageons une variante de cette lettre 41, en supposant que vous arrivez en fin de contrat, et que vous ne désirez plus le renouveler :

> *Vous avez assuré mon mobilier contre l'incendie et les dégâts des eaux pour une valeur de 30 000 francs, il y a x ans (police n°...).*
>
> *Par convenance personnelle, je souhaite ne pas reconduire ce contrat, qui arrive à expiration le 30 avril.*
>
> *Recevez, Monsieur,...*

39 / Notification d'un accident

Monsieur,

J'ai été victime, ce matin, d'un accident de la circulation qui a causé des dommages matériels à mon véhicule et à celui de Monsieur Sabot, 8, rue Coustou, 75018 Paris.

Nous avons rédigé et signé ensemble le constat ci-joint, à propos duquel il ne devrait donc pas y avoir de contestations.

Néanmoins, s'il y avait un problème, je possède l'adresse d'un témoin qui accepterait de donner sa version des faits. Celle-ci confirme, de toute manière, le constat.

Veuillez agréer, Monsieur, l'assurance de mes sentiments distingués.

40 / Demande de témoignage

Madame,

Vous avez assisté, le 8 novembre dernier, à l'accident dans lequel j'ai été impliqué, rue Ponscarme, à hauteur du n° 12. Vous m'aviez à ce moment gentiment proposé de témoigner. Je vous rappelle que mon véhicule était une R5 blanche, et l'autre une Peugeot 205 brune.

Vous me seriez très utile en rédigeant un bref témoignage, aussi précis que possible, et en me l'envoyant dans l'enveloppe timbrée que je vous joins, et sur laquelle j'ai indiqué mon adresse.

Je ne me permettrais évidemment pas de solliciter ce geste si vous n'aviez spontanément suggéré que vous pouviez le faire.

En vous remerciant d'avance, je vous prie d'agréer, Madame, l'hommage de mon respect.

41 / Demande de révision de contrat

Monsieur,

Vous avez assuré mon mobilier contre l'incendie et les dégâts des eaux pour une valeur de 30 000 francs, il y a trois ans (police n° 35/678 546).

Ayant fait l'acquisition d'un mobilier de plus grande valeur, je souhaite revoir le montant assuré, et vous prie donc de faire procéder à une nouvelle évaluation.

Recevez, Monsieur, l'assurance de ma considération distinguée.

Commerce

Habituellement, on n'utilise pas beaucoup l'écrit dans les relations commerciales, sauf pour des achats très importants ou des problèmes avec des firmes dont le siège social est éloigné. Il va de soi que nous avons choisi de nous placer systématiquement du côté du consommateur. Non par conviction, mais simplement parce que des manuels de correspondance commerciale existent pour ceux qui la pratiquent couramment. Soit dit en passant, une grande habitude permet aussi très vite de se passer de ces modèles. Mais c'est une autre histoire...

Dans les lettres commerciales, il est essentiel de définir clairement ce dont on parle. C'est le premier élément qui doit intervenir dans la lettre. Selon les cas, on le placera dans le premier paragraphe ou même au-dessus du texte, comme ceci :

Concerne : achat d'une cuisine équipée modèle « rustique ».

Tout élément qui n'aurait pas été clairement défini entraîne un échange de courrier complémentaire, et donc une perte de temps qu'on préfère généralement éviter, particulièrement lorsqu'il y a contestation. Plus vite elle est réglée, mieux cela vaut.

Voici la liste des modèles :

42. *Demande de devis.*
43. *Commande.*
44. *Rappel d'une commande après un retard.*
45. *Menace d'annulation d'une commande.*
46. *Demande de réparation d'une installation défectueuse.*
47. *Contestation d'une facture.*
48. *Plainte pour produit défectueux.*
49. *Plainte pour une augmentation de prix.*
50. *Demande de réparation sous garantie.*
51. *Demande de réparation après l'expiration du délai de garantie.*
52. *Vente forcée.*
53. *Demande de respect d'un secret commercial.*

Supposons que vous demandiez le remboursement ou le remplacement d'un aliment avarié. La lettre **48** reste valable, mais il faut y ajouter un paragraphe, entre le deuxième et le dernier :

> *Il me semblerait normal que vous me remboursiez cette boîte, qui m'a coûté ... francs.*

Ou bien, si vous choisissez de faire remplacer le produit défectueux :

> *Je pourrais vous demander le remboursement de cette boîte, mais je préfère que vous la remplaciez par une autre, non avariée celle-là.*

La suite de lettres allant de la demande de devis à la réclamation concernant le montant de la facture pour une cuisine, présente à peu près toutes les possibilités quel que soit le matériel ou le produit commandé.

42 / Demande de devis

Monsieur,

Pensant à rénover la maison que j'ai achetée récemment, je voudrais notamment l'équiper d'une cuisine moderne.

Ayant consulté vos prospectus, il me semble que le modèle « rustique » de votre firme conviendrait parfaitement.

Pouvez-vous établir un devis en tenant compte du plan de la pièce, ci-joint ?

Dans l'attente, recevez, Monsieur, mes bien sincères salutations.

43 / Commande

Monsieur,

J'ai bien reçu l'offre de prix que vous m'avez adressée ce 3 septembre, et je vous en remercie.

Vos conditions répondant exactement à ce que j'espérais, je vous passe commande de la cuisine équipée « rustique », selon votre devis, au prix de 32 500 francs placement compris.

Au bon de commande signé ci-joint, j'ajoute, selon vos conditions de vente, un chèque correspondant à l'acompte de 15 % de la somme totale, soit 4 875 francs.

Je compte donc sur la livraison et le placement dans le délai de six semaines que vous vous engagez à tenir.

Dans l'attente, recevez, Monsieur, mes bien sincères salutations.

44 / Rappel d'une commande après un retard

Monsieur,

Il y a sept semaines, je vous passais commande d'une cuisine équipée « rustique » selon le devis que vous aviez établi, et pour laquelle je vous ai versé à ce moment un acompte de 4 875 francs.

De votre côté, vous vous engagiez par le bon de commande à l'installer dans un délai maximum de six semaines.

Ce délai a donc été dépassé, alors que j'espérais pouvoir commencer à bénéficier de cette amélioration de mon habitation le plus rapidement possible.

Pouvez-vous veiller à exécuter immédiatement ma commande ?

Dans cette attente, recevez, Monsieur, mes bien sincères salutations.

45 / Menace d'annulation d'une commande

Monsieur,

L'attente se prolonge, entamant de plus en plus une patience qui n'est pas infinie...

Si la cuisine que je vous ai commandée il y a maintenant neuf semaines n'est pas installée dans les huit jours ouvrables à dater de ce jour, je vous prierai donc de me rembourser l'acompte de 4 875 francs que je vous avais versé et d'annuler ma commande.

Espérant encore une réaction immédiate de votre part, recevez, Monsieur, mes bien sincères salutations.

46 / Demande de réparation d'une installation défectueuse

Monsieur,

En examinant la cuisine que vous avez installée ces derniers jours, je constate une différence de niveau assez sensible entre différentes parties du plan de travail.

Pouvez-vous venir rapidement vous rendre compte sur place et remédier à ce défaut ?

Dans l'attente, recevez, Monsieur, mes bien sincères salutations.

47 / Contestation d'une facture

Monsieur,

J'ai bien reçu la facture pour la livraison et le placement d'une cuisine modèle « rustique » selon votre devis du 3 septembre et ma commande du 8 septembre.

Il existe cependant une différence de 1 200 francs entre le devis et la facture. Pouvez-vous vérifier cela et me faire parvenir une nouvelle facture conforme au devis ?

Pour rappel, le prix annoncé était de 32 500 francs, toutes taxes comprises, et j'ai réglé à la commande un acompte de 4 875 francs. Le solde est donc de 27 625 francs, et non de 28 825 francs comme le mentionne votre facture.

Dans l'attente de cette correction, recevez, Monsieur, mes bien sincères salutations.

48 / Plainte pour produit défectueux

Monsieur le Directeur,

J'ai eu la désagréable surprise, en ouvrant une boîte de saucisses de votre firme, de constater qu'elle était visiblement (et olfactivement) avariée. C'est la première fois que cela arrive bien que je consomme couramment des produits de votre marque. Je tenais cependant à vous signaler ce désagrément.

Afin que vous puissiez procéder aux vérifications qui s'imposent sur le lot dont était originaire la boîte avariée, je joins l'étiquette.

Espérant ne plus avoir à vous signaler de tels faits, je vous prie de croire, Monsieur le Directeur, à mes sentiments distingués.

49 / Plainte pour une augmentation de prix

Monsieur,

Bien que client de longue date dans votre magasin, j'ai décidé ce matin d'acheter mes potages surgelés chez un concurrent. L'augmentation de prix à laquelle vous avez procédé récemment n'a en effet pas été pratiquée par lui, et il est devenu beaucoup plus compétitif que vous.

Du même coup, je m'interroge sur les raisons de cette subite augmentation, et j'espère que vous aurez à cœur de revoir vos prix à la baisse si vous désirez garder votre clientèle fidèle.

Je vous prie d'agréer, Monsieur, mes salutations distinguées.

50 / Demande de réparation sous garantie

Monsieur,

Le robot multi-usages que j'ai acheté il y a deux semaines à peine est tombé en panne hier. Si j'en juge par la fumée qui s'est dégagée au moment où il s'est définitivement arrêté, un court-circuit s'est produit à l'intérieur.

Le guide d'utilisation de l'appareil avait cependant été scrupuleusement respecté et il faut donc conclure à une défaillance du robot.

La période de garantie n'étant pas encore terminée, je vous renvoie donc par colis séparé cet appareil, afin que vous puissiez le réparer ou le remplacer.

Dans l'attente, veuillez agréer, Monsieur, mes sentiments distingués.

51 / Demande de réparation après l'expiration du délai de garantie

Monsieur,

L'appareil éléctro-ménager dont je vous joins le certificat de garantie est tombé en panne exactement après l'expiration du délai de garantie.

A l'évidence, il n'est cependant tombé en panne qu'à cause d'un défaut de fabrication, comme vous pouvez le lire dans les conclusions du réparateur de la firme (je vous joins copie de ces conclusions).

En conséquence, il me paraîtrait normal que votre firme couvre les frais de réparation.

Dans l'attente de votre décision, je vous prie d'agréer, Monsieur, mes salutations distinguées.

52 / Vente forcée

Monsieur,

Un colis de votre firme m'est parvenu ce matin, à ma grande surprise. Je n'ai en effet rien commandé chez vous depuis fort longtemps, et me suis contenté, lors du dernier courrier que je vous avais expédié, de répondre à un concours sans obligation d'achat.

Exceptionnellement, je vous retourne ce colis à vos frais, dans l'espoir qu'un tel fait ne se reproduira plus à l'avenir.

Si cela devait se renouveler, je renoncerais à perdre mon temps à me rendre au bureau de poste pour effectuer le renvoi, et je me contenterais de garder le colis, comme la loi m'y autorise en cas de vente forcée.

Recevez, Monsieur, mes salutations distinguées.

53 / Demande de respect d'un secret commercial

Monsieur,

Il est possible que, cédant à la confiance que j'ai en vous, j'aie parlé trop longuement et surtout trop en détail de mes projets commerciaux hier soir.

Puis-je vous demander de garder ces renseignements pour vous ? Il serait en effet très néfaste à la réalisation de ces projets que la concurrence s'empare de mes idées. Elle pourrait aisément les mettre en œuvre plus rapidement que moi, disposant de moyens financiers qui ne sont pas les miens.

Je ne me permettrais pas de vous demander le silence si je ne savais pouvoir compter sur vous et si je ne craignais avoir oublié de vous préciser, hier, le secret de tout cela.

En vous remerciant, veuillez agréer, Monsieur, l'expression de mon entier dévouement.

Décès

Ce triste événement appartient à la fois à la vie privée et à la vie publique. Ces deux aspects sont représentés ici par des lettres amicales et par des formulations plus froides, où le sentiment prend moins de place.

Pour le premier aspect (lettres 54, 57 et 59), il convient de mettre en évidence ce qu'était le rapport de la personne décédée avec ceux qui l'entouraient, et en particulier avec l'expéditeur et le destinataire de la lettre. La seule raison pour laquelle on communique, en effet, un décès à un proche (parent ou ami) est pour le lui apprendre autrement que par un simple faire-part. Et les condoléances présentées dans ce même type de rapport sont une marque d'amitié destinée beaucoup plus au vivant qu'au défunt.

Dans le second aspect, il s'agit simplement d'informer (lettres 55 et 56), soit une personne précise qui a besoin de savoir que vous serez, par exemple, absent du travail à cause du décès, soit un ensemble de personnes plus anonymes. Il n'empêche que, même dans ce type de relations, les condoléances ne devraient jamais être aussi formellement glacées que l'est l'information.

Ces différentes nuances apparaissent dans les modèles :

54. *Un enfant annonce la mort de son père à une tante.*
55. *Annonce de décès dans la famille à un employeur.*
56. *Faire-part ou insertion dans la presse.*
57. *Condoléances amicales.*
58. *Condoléances d'un employeur.*
59. *Concertation entre amis à propos de la mort d'une relation.*

54 / Annonce de décès à un membre de la famille

Chère tante,

Les nouvelles ne sont pas bonnes, hélas ! et j'aurais préféré vous écrire pour n'importe quelle autre raison. Papa est mort ce matin. Il n'a pas résisté plus longtemps à la maladie qui le minait depuis des mois, et je pense que c'est, dans une certaine mesure, un soulagement de ne plus le voir souffrir.

C'est une bien piètre consolation, bien sûr, et c'est la douleur qui est la plus présente pour l'instant. La raison ne peut lutter contre elle.

Je n'ignore pas combien vous étiez proche de votre frère et je ne sais que dire pour éloigner de vous la tristesse qui doit être la vôtre aussi.

Papa restera dans mon cœur, auprès de vous que j'embrasse affectueusement.

55 / Annonce de décès à un employeur

Monsieur le Directeur,

Mon père est décédé hier des suites d'un accident de roulage survenu le 22 novembre.

Les funérailles auront lieu ce mercredi 18, et je reprendrai le travail dès le lendemain.

Je vous prie d'agréer, Monsieur le Directeur, l'expression de mon profond respect.

56 / Faire-part ou insertion dans la presse

M. Luc X., son fils;
Mme François Y., sa sœur;
Les familles X. et Y.

ont la profonde douleur de vous faire part du décès de

M. Jean X.

survenu le 7 septembre à Paris.

L'inhumation aura lieu le 11 septembre dans la plus stricte intimité.

57 / Condoléances amicales

Cher ami,

J'ai appris la triste nouvelle du décès de votre père. Je sais combien vous lui étiez attaché et le choc que cette disparition vous cause. C'est d'autant plus terrible que personne ne peut remplacer celui que vous aimiez, quels que soient les mots qu'on a envie d'employer pour vous aider à supporter cette inadmissible absence.

Aussi voudrais-je simplement vous dire que je partage votre douleur et qu'avec vous j'espère voir cette épreuve s'effacer, non dans un impossible oubli, mais dans une sérénité retrouvée : le cours de l'existence se termine inéluctablement un jour, et même si l'on désire toujours que ce soit le plus tard possible, le jour finit toujours par arriver…

Je vous prie de croire à ma fidèle amitié.

58 / Condoléances d'un employeur

Cher Monsieur,

Le drame qui vous touche aujourd'hui ne laisse personne indifférent dans notre petite entreprise.

Vous me permettrez de représenter vos compagnons de travail aux obsèques.

Je vous prie d'agréer, en leur nom à tous, mes bien sincères condoléances.

59 / Concertation entre amis à propos de la mort d'une relation

Cher ami,

J'apprends aujourd'hui la mort de Gaston X., qui avait fait beaucoup pour nous tous lorsqu'il était notre professeur. Ne devrions-nous pas envisager de nous cotiser pour une couronne ainsi que d'envoyer une délégation de la classe aux funérailles ? Je serais prêt à me charger d'organiser rapidement cela, mais je tenais à avoir votre avis avant de l'entreprendre. Après tout, nous étions ceux qu'il considérait comme ses plus proches, presque ses disciples...

Pouvez-vous m'appeler à mon travail dès que vous recevez cette lettre, afin de ne pas perdre de temps ?

Je vous prie de croire à ma fidèle amitié.

Divorce et séparation

Les relations entre deux personnes qui ont formé un couple à un certain moment de leur vie peuvent aboutir à une rupture souvent difficile. Difficile pour eux, parce que tout à coup (ou progressivement, peu importe), la situation change et il faut modifier tous les points de repère qu'on avait dans la vie. Difficile pour les autres, aussi, les proches qui participaient plus ou moins à la vie commune et pour qui le déchirement peut être, aussi, douloureux.

C'est dire combien sont délicates ces lettres — sauf celles qui sont adressées à un avocat lors d'une procédure de divorce et qui ont un caractère beaucoup plus neutre (lettres 65 et 66). D'autant que la rupture, lorsqu'elle emprunte les voies légales, peut s'accompagner de contestations graves à propos des responsabilités, et que tout ce que vous écrivez peut être retenu contre vous pour autant que vous ayez perdu votre calme.

Comme pour les lettres d'amour — dont celles-ci sont un peu l'envers —, les modèles peuvent vous donner un ton plutôt que des phrases toutes faites.

60. *Lettre de rupture.*
61. *Lettre à une amie pour lui confier l'idée de la séparation.*
62. *Réponse de l'amie. Conseils de réflexion.*
63. *Lettre aux parents pour annoncer une séparation.*
64. *Réponse des parents.*
65. *Demande à un avocat pour ouvrir une procédure de divorce.*
66. *Poursuite d'une procédure de divorce.*

60 / Lettre de rupture

Cher Bernard,

Je te dois quelques explications, sans doute. J'ai bien remarqué ton air interrogateur toute la journée d'hier. Tu avais l'impression que quelque chose avait changé entre nous. Et tu avais raison, malheureusement. Je devine que cette lettre ne va pas te faire plaisir, mais je ne peux plus, je ne veux plus jouer la comédie. Je pense qu'il est préférable de nous éloigner un peu l'un de l'autre. J'ai besoin de respirer, et tu m'en empêches sans le vouloir. Je sais que tu es plein de bonne volonté, mais c'est peut-être cela même qui m'étouffe.

Je suis profondément désolée d'avoir à t'écrire cela. J'aurais préféré, crois-le, que tout continue comme avant sans problèmes. Ce n'est pas possible. Est-ce que j'ai changé ou est-ce que j'étais aveuglée par ce que je croyais être l'amour ? Je n'en sais rien et à dire vrai je n'ai pas vraiment envie de chercher une réponse.

Pardonne-moi la douleur que je t'inflige. Peut-être cette séparation nous fera-t-elle du bien, après tout !

Je t'embrasse.

61 / Lettre à une amie pour lui confier l'idée d'une séparation

Chère Christine,

Tu te souviens de la joie qui avait présidé à mon mariage avec François.

Ce jour-là et ceux qui suivirent, tout baignait dans le bonheur complet, et je n'imaginais pas que des obstacles pouvaient tout à coup se placer entre nous.

Et pourtant...

Il y a trois mois déjà que quelque chose a changé. Je savais bien que l'habitude pouvait user les sentiments, mais pas à ce point ! C'est à peine si François prête encore attention à moi. Je ne sais plus que faire pour attirer son regard.

Je dois te sembler assez désespérée. Et si tu penses cela, tu n'es pas loin de la vérité. Je pense sérieusement à quitter François, quoi qu'il arrive.

Je me demande pourquoi je t'ennuie avec tout ça. Parce que j'ai besoin de le dire à quelqu'un, sans doute, et que tu m'as toujours écoutée avec patience.

Merci une fois encore de cette patience. Je t'embrasse.

62 / Réponse de l'amie — Conseils de réflexion

Chère Carole,

Ta lettre m'a fait beaucoup de peine, parce que j'imagine assez bien dans quel état tu dois être pour envisager de quitter François.

Je ne peux évidemment pas me mettre à ta place, mais es-tu certaine d'avoir bien réfléchi à tout cela ? Il ne faut rien faire d'irréparable, et que tu risques de regretter ensuite. Evidemment, d'un autre côté, le choc d'une séparation serait peut-être le seul moyen de réveiller ton mari, de lui faire prendre conscience de ta présence et de ton besoin de lui. Car c'est bien de cela qu'il s'agit, n'est-ce pas ?

Je ne sais que te dire. Je voudrais pouvoir t'aider. D'ailleurs, si tu as besoin de quoi que ce soit, demande-le moi, je serai toujours prête à répondre positivement.

Tu es seule à pouvoir prendre une décision, mais réfléchis bien, c'est l'unique conseil que je trouve à te donner.

Je t'embrasse.

63 / Lettre aux parents pour annoncer une séparation

Chers parents,

On est toujours un peu emprunté au moment de prendre la plume pour annoncer une mauvaise nouvelle.

Voilà : Carole et moi avons décidé de nous séparer. Inutile, je pense, de commencer à vous expliquer les raisons de cette décision : elles sont toujours mauvaises et je mentirais en disant que cela me soulage. En même temps c'est, actuellement au moins, la seule solution possible.

Nous ne savons pas s'il s'agit d'une séparation provisoire ou définitive. Nous nous sommes promis de réfléchir chacun de notre côté, et de nous revoir dans deux mois pour faire le point et tirer des conclusions à plus long terme.

En attendant, Carole a choisi d'aller habiter chez une amie célibataire, Christine.

Désolé de vous faire de la peine. Ne vous en faites quand même pas trop pour nous, nous sommes de grandes personnes.

Baisers.

64 / Réponse des parents à la lettre annonçant une séparation

Cher François,

C'est peu dire que ta lettre nous a fait de la peine. Nous vous voyions comme un beau couple avec tout l'avenir devant lui, et un avenir plutôt rose que gris. Tu sais aussi combien nous aimons Carole, et nous tenons beaucoup à ce que tu te conduises bien avec elle. D'ailleurs, nous aimerions que tu lui dises toi-même qu'elle peut venir nous voir quand elle le souhaite, quoi qu'il arrive entre vous.

Mais c'est vrai, vous êtes de grandes personnes et il serait donc assez malvenu que nous vous fassions la morale. En outre, il s'agit de votre vie et non de la nôtre. Alors, nous ne pouvons que vous conseiller d'écouter la voix de la raison et d'adopter ensuite ce qui vous semblera être la meilleure solution pour tous les deux.

D'ici là, profitez de ces deux mois pour bien réfléchir, puisque c'est à cela que vous destinez ce délai. Puissiez-vous en sortir réconciliés ! C'est, évidemment, notre plus cher souhait. Mais nos souhaits ont-ils de l'importance ?

Portez-vous bien, tous les deux.

65 / Demande à un avocat pour ouvrir une procédure de divorce

Maître,

Je désire entamer une procédure de divorce, et une amie m'a conseillé de m'adresser à vous.

J'ignore tout des démarches à suivre, ainsi que des différentes possibilités qui me sont offertes, et je compte sur vous pour m'éclairer à ce sujet.

Pouvez-vous me fixer rendez-vous à votre cabinet aussi rapidement que possible ?

Je vous en remercie et vous prie d'agréer, Maître, l'expression de mon profond respect.

66 / Poursuite d'une procédure de divorce

Maître,

La tentative de réconciliation avec mon mari, que j'ai cru bon d'entamer dans l'espoir de revenir à une situation plus normale pour les enfants, n'a abouti à rien. Au contraire, nos rapports se sont encore dégradés et il est devenu impossible d'imaginer maintenant un apaisement.

Je vous prie donc de bien vouloir poursuivre la procédure en cours et vous remercie de m'en tenir informée.

Dans l'attente, je vous prie d'agréer, Maître, l'assurance de mes salutations distinguées.

Emploi

Dans ce domaine, la correspondance est indispensable. Et même, pour les demandes d'emploi, elle doit être manuscrite.

Examinons d'abord les **demandes d'emploi**, qui ne sont pas le seul sujet de cette série de modèles, mais qui en sont sans doute le principal.

Une demande d'emploi est souvent fonction d'une petite annonce, soit parue dans la presse soit affichée dans une antenne de l'A.N.P.E. ou d'autres organismes parallèles. La première chose à indiquer dans cette lettre est donc la référence de l'annonce : nom du journal, date de parution, éventuellement n° de référence...

Dans la plupart des cas, il est nécessaire de joindre un *curriculum vitae* — sauf si celui-ci est tellement mince qu'il ne se justifie pas (lettre 67). Il n'est donc pas utile de donner trop de détails sur votre spécialisation dans la lettre proprement dite. Celle-ci doit se limiter à l'essentiel :

— les caractéristiques qui font de vous le candidat idéal au poste;

— votre motivation;

— votre disponibilité (maximale, évidemment);

— la référence à des documents joints (curriculum vitae, rapport de stage, etc.) ou à des personnes qui peuvent vous soutenir.

Ces éléments sont valables même dans les cas où vous écrivez sans qu'il y ait eu d'annonce préalable. Car il arrive qu'on écrive à une firme pour laquelle on cherche à travailler, sans trop savoir si elle cherche à engager quelqu'un, ou parce qu'on a entendu dire qu'elle cherchait à engager quelqu'un...

Le curriculum vitae, dont nous donnons deux exemples (lettres 71 et 72), mériterait un grand chapitre à lui seul. Nous vous renvoyons à des ouvrages spécialisés pour plus de commentaires à son sujet ([1]).

Vous trouverez ici un exemple court, où la succession chronologique des éléments est suffisante, et un exemple long, où il faut la remplacer par une organisation logique. Ce sont les deux grandes possibilités, à l'intérieur desquelles il faut de toute manière rester clair et concis, ainsi qu'attirer l'attention sur les points que vous estimez les plus importants, vos atouts majeurs.

Les autres exemples touchent à d'autres problèmes de l'emploi, à commencer par le **licenciement** qui doit être justifié par l'employeur. Vous êtes donc en droit de demander les motifs du licenciement, et même éventuellement de vous opposer à celui-ci — mais alors, il est préférable de prendre un avocat, à l'intérieur d'une organisation syndicale par exemple, pour vous défendre.

Après le licenciement on change de statut. Vient alors l'**inscription à l'A.N.P.E.** et éventuellement à d'autres organismes qui fournissent des renseignements sur des emplois vacants.

Dans d'autres occasions, on aura besoin de divers modèles de lettres pour des demandes très diverses.

([1]) Catherine HUGUET, *Les règles d'or du Curriculum vitae*, Marabout Service n° 722.

En voici la liste :

67 et 68. *Réponses à des offres d'emploi.*
69 et 70. *Demandes d'emploi.*
71 et 72. *Curriculum vitae.*
73. *Demande de motif de licenciement.*
74. *Opposition à un licenciement.*
75. *Demande d'inscription à l'A.N.P.E.*
76. *Demande de renseignements concernant des emplois vacants.*
77. *Demande d'un certificat.*
78. *Demande de mutation.*
79. *Demande de congé.*
80. *Demande d'amélioration des conditions de travail.*
81. *Demande d'augmentation.*

67 / Réponse à une offre d'emploi

Monsieur le Directeur,

L'offre d'emploi de secrétaire que vous avez publiée dans « France-Soir » de ce 28 septembre m'intéresse vivement.

J'ai terminé des études de secrétariat de direction en 1985, et j'ai ensuite effectué un stage de six mois en qualité de chargée des relations publiques pour la firme Craig & Son.

Je suis actuellement sans emploi et j'aimerais trouver un poste de secrétaire de direction.

Je joins à cette lettre le rapport de stage, où vous lirez que mes employeurs avaient été satisfaits du travail effectué.

Dans l'espoir de vous voir retenir ma candidature, daignez agréer, Monsieur le Directeur, l'assurance de mon profond respect.

68 / Réponse à une offre d'emploi

Monsieur le Directeur,

Le poste de représentant que vous proposez par l'intermédiaire de « L'Est républicain » de ce jour m'intéresse au plus haut point.

Je possède en effet l'expérience que vous souhaitez, comme mon curriculum vitae ci-joint vous le montrera. Et je suis malheureusement sans travail depuis un mois.

Le secteur de l'alimentation m'a toujours beaucoup intéressé et j'en connais bien le réseau, pour avoir travaillé chez un de vos concurrents régionaux en 1984 et 1985.

Je reste évidemment à votre disposition pour tout renseignement complémentaire.

Dans l'attente, je vous prie d'agréer, Monsieur le Directeur, l'expression de mon profond respect.

69 / Demande d'emploi

Madame le Chef du Personnel,

J'ai appris qu'un emploi de commis était vacant dans votre entreprise.

J'ai terminé mes études il y a deux mois à peine, et je suis à la recherche d'un premier travail.

Vous trouverez, dans mon curriculum vitae ci-joint, les détails complémentaires.

Certes, mon diplôme me permet théoriquement d'espérer un emploi correspondant mieux à mes qualifications, mais mon désir de travailler est le plus fort, et je suis certain de pouvoir occuper le poste vacant. Voilà pourquoi j'ai décidé d'y poser ma candidature.

Veuillez croire, Madame le Chef du Personnel, à mon entier dévouement.

70 / Demande d'emploi

Monsieur Durand,

Comme vous le savez déjà, je suis actuellement sans emploi et cherche à me reclasser dans le secteur de l'alimentation, où votre entreprise occupe une position de pointe.

Le travail de représentation que je pourrais effectuer pour vous me conviendrait tout particulièrement, comme je vous l'ai expliqué lorsque nous nous sommes rencontrés.

Vous trouverez dans mon curriculum vitae ci-joint les renseignements que vous m'aviez demandés.

Pouvez-vous quelque chose pour moi ? Dans l'attente de votre réponse, veuillez recevoir, Monsieur Durand, l'assurance de mes sentiments les meilleurs.

71 / Curriculum vitae

Christian Gosset
45, rue Lépine, 35800 Dinard
Né le 20 mai 1960 à Dinard
Célibataire

Brevet de Technicien industriel F1 (construction mécanique) obtenu en 1979.

Service militaire en 1979/1980.

Technicien chez Sonoco de mai 1981 à septembre 1982.

Dessinateur industriel chez Poulain d'octobre 1982 au 8 octobre 1985.

Licencié pour raisons économiques à cette date.

72 / Curriculum vitae

Alfred Lambert
Nationalité française
Né à Charleville-Mézières le 8 janvier 1950
Etat-civil : marié à Jacqueline Hauzeur, 3 enfants
Adresse : 46, rue Hochepot, 08300 Rethel. Tél. : 24.39.34.18

Etudes

— Enseignement secondaire au lycée de Charleville-Mézières (1962-1970)

— Baccalauréat en latin-mathématiques obtenu en 1970

— Maîtrise en sciences économiques obtenue à l'Université de Nancy II en 1975

Stages

— Un mois (septembre 1972) comme aide-comptable dans une fabrique de produits pour pâtissiers

— Deux ans (octobre 1973 à octobre 1975) à mi-temps au service dispatching dans une coopérative de transports routiers

.../...

Curriculum vitae (suite)

— Six mois (janvier à juin 1976) au département des crédits de la Société Générale Alsacienne de Banque

Vie professionnelle

— Brand Manager cigarettes et tabac à fumer à la S.A. Fumée à Nancy (décembre 1977 à août 1981)

Fonction : — mise en œuvre de la politique des produits de la firme
— mise en route et interprétation d'études de marché
— élaboration et suivi des plans marketing
— élaboration et révision des prévisions de vente
— propositions d'actions de motivation de l'équipe de vente

— Adjoint de direction dans un bureau de courtage (septembre à décembre 1981)

Motif de départ : fermeture de ce bureau (faillite prononcée plus tard)

.../...

Curriculum vitae (fin)

— Sans emploi de mi-décembre 1981 à février 1982
Recyclage en anglais en février 1982
— Directeur administratif d'un home pour personnes âgées (mars 1982 à février 1983)
Fonction : responsable de la gestion journalière du home, du personnel (30 personnes), des contacts avec l'extérieur
— Attaché commercial dans une banque depuis le 25 février 1983

Connaissances linguistiques
— Langue maternelle : français
— Bonnes connaissances en allemand et anglais

Service militaire
Du 3 septembre 1976 au 28 novembre 1977; actuellement, lieutenant de réserve.

73 / Demande de motif de licenciement

Monsieur le Directeur,

J'ai été très surpris de recevoir ce matin une lettre de licenciement que rien ne pouvait me laisser prévoir. De plus, celle-ci est très évasive et ne donne pas le motif du licenciement.

Pour la bonne règle, je vous serais obligé de me donner un motif de licenciement.

Veuillez agréer, Monsieur le Directeur, l'expression de mes salutations distinguées.

74 / Opposition à un licenciement

Monsieur le Directeur,

J'ai bien reçu votre lettre de licenciement de ce 5 avril. Néanmoins, le motif que vous invoquez ne me semble pas susceptible de justifier ce licenciement.

Contestant donc votre décision, je me suis résolu à en appeler au Conseil des prud'hommes, apte à définir de quel côté se trouve le bon droit.

Veuillez agréer, Monsieur le Directeur, l'expression de mes salutations distinguées.

75 / Demande d'inscription à l'A.N.P.E.

Monsieur,

Licencié pour réorganisation de l'entreprise où j'étais employé, je désire m'inscrire comme demandeur d'emploi à l'A.N.P.E.

Pouvez-vous me faire parvenir les formulaires à remplir afin que je sois en règle sur ce plan ?

Vous en remerciant, je vous prie d'agréer, Monsieur, mes sentiments distingués.

76 / Demande de renseignements concernant des emplois vacants

Monsieur le Directeur,

Actuellement sans emploi, je désirerais obtenir tous les renseignements concernant les postes disponibles dans mon secteur d'activité.

Je vous serais très obligé de m'en tenir régulièrement informé. Je suis évidemment prêt à participer aux frais que cela entraîne pour vos services.

Je joins d'ailleurs quelques timbres pour vos premiers envois.

Avec mes remerciements, je vous prie d'agréer, Monsieur le Directeur, mes sentiments respectueux.

77 / Demande d'un certificat

Monsieur le Chef de Service,

Auriez-vous l'obligeance de me faire parvenir par retour du courrier un certificat précisant la période pendant laquelle j'ai été employé dans votre entreprise ? Ce certificat devrait porter aussi l'indication de mon salaire à la date de mon départ.

Je vous en remercie et vous prie de croire, Monsieur le Chef de Service, à mes sentiments distingués.

78 / Demande de mutation

Monsieur,

Suite à la restructuration de son entreprise, mon mari a été muté dans la région de Belfort.

Nos deux enfants et moi-même sommes restés à Auxerre et souhaitons le faire jusqu'au terme de l'année scolaire, afin de ne pas nuire aux études des enfants.

Mais ensuite, je souhaiterais être mutée moi aussi dans la région de Belfort, afin de retrouver une vie familiale normale.

Pouvez-vous agréer cette demande dont vous comprendrez l'importance ?

En vous remerciant de l'attention que vous voudrez bien y apporter, je vous prie de croire, Monsieur, à mon entier dévouement.

79 / Demande de congé

Monsieur le Directeur,

Comme le prévoit la loi, je souhaiterais bénéficier de quatre jours de congé à l'occasion de mon mariage, qui aura lieu le 3 décembre.

Je souhaiterais placer ces quatre jours à partir de la date du mariage.

A l'intérieur de mon service, l'organisation du travail n'en souffrirait pas.

Vous remerciant d'avance, je vous prie d'agréer, Monsieur le Directeur, l'expression de mon profond respect.

80 / Demande d'amélioration des conditions de travail

Monsieur le Directeur,

Toutes les personnes que vous employez ont souvent pensé qu'il pouvait être procédé facilement et à peu de frais à une amélioration des conditions de travail. C'est donc en leur nom à tous que je vous écris aujourd'hui.

La petite pièce non utilisée au premier étage pourrait être aménagée en réfectoire. Nous aurions ainsi un endroit propre et tranquille pour déjeuner.

Il est évident que le travail ne souffrirait en rien de ce changement et même, au contraire, le plaisir plus grand que nous prendrions à travailler pour vous pourrait en améliorer la qualité.

Je vous saurais donc gré de prendre cette demande en considération et de me tenir informé de la suite que vous comptez y apporter.

Veuillez agréer, Monsieur le Directeur, l'expression de mes sentiments dévoués.

81 / Demande d'augmentation

Monsieur le Directeur,

Il y a trois ans maintenant que j'effectue le travail pour lequel vous m'avez engagé, et votre attitude semble prouver que vous êtes satisfait de mes services.

Je vous remercie de votre confiance, et croyant en celle-ci, je me permets de vous demander un relèvement de mes appointements. Ceux-ci n'ont pas été revus, en effet, depuis que j'ai été engagé.

Vous remerciant de l'attention que vous voudrez bien accorder à ma demande, je vous prie d'agréer, Monsieur le Directeur, l'expression de mes sentiments dévoués.

Enfants

L'éducation des enfants passe par différentes obligations, dont les plus importantes sont les études, auxquelles nous avons consacré toute la partie suivante. Ici trouvent donc place des situations diverses, des conflits importants ou non, des problèmes plus ou moins préoccupants...

Il n'y a guère de commentaires à y ajouter. Voici donc la liste des modèles :

82. *Demande d'inscription dans un club sportif.*
83. *Demande de renseignements dans une crèche.*
84. *Reproches à un père suite à l'attitude de son fils.*
85. *Défense du fils accusé injustement.*
86. *Inquiétude quant aux relations entre jeunes gens.*
87. *Autorisation (pour un mineur) de quitter le territoire national sans ses parents.*

82 / Demande d'inscription dans un club sportif

Monsieur le Président,

Mon fils Antoine, âgé de douze ans, souhaite pratiquer régulièrement le tennis de table. N'ayant moi-même que peu de pratique de ce sport, j'ai jugé plus utile de le diriger vers un club bien structuré comme le vôtre.

Pouvez-vous me dire quelles sont les formalités à remplir pour l'inscrire dans votre club ? Je peux passer avec lui lors d'un entraînement si vous m'en communiquez l'horaire.

Veuillez noter cependant que ses études et des cours complémentaires de musique l'empêchent d'être disponible le mardi et le jeudi soirs.

Dans l'attente de votre réponse, je vous prie de recevoir, Monsieur le Président, mes cordiales salutations.

83 / Demande de renseignements dans une crèche

Madame la Directrice,

Récemment installés dans cette ville, nous souhaitons confier chaque jour de la semaine notre fille de dix-huit mois à votre crèche.

Est-il possible de l'y conduire le matin à 7 h 45 et de la reprendre le soir à 17 h 30 ? Quelles sont les conditions auxquelles vous pourrez l'accueillir ?

Nous aurions besoin de tous ces renseignements le plus vite possible, ayant actuellement choisi une solution provisoire (des amis d'amis gardent notre fille) dont nous espérons qu'elle ne devra pas se prolonger.

Vous remerciant par avance de l'attention que vous accorderez à notre demande, nous vous prions d'agréer, Madame la Directrice, nos sentiments distingués.

84 / Reproches à un père concernant l'attitude de son fils

Monsieur,

Mon fils est revenu de l'école le visage griffé. Questionné, il a affirmé que votre fils Christophe était responsable de ces blessures. Il n'a cependant pas cru nécessaire d'avertir le surveillant. Je ferai donc comme lui, provisoirement du moins.

En effet, ce n'est pas la première fois qu'on me rapporte les agissements violents de votre fils qui est parfois un véritable danger pour ses condisciples.

A titre amical, je tenais à vous signaler ce fait de manière à ce que vous puissiez intervenir vigoureusement auprès de votre fils pour lui faire comprendre qu'il devrait calmer ses ardeurs.

A défaut de modification dans son attitude et en cas de nouvelle agression de sa part sur Christophe, je me verrai contraint de demander des sanctions à l'école.

Veuillez agréer, Monsieur, mes sentiments distingués.

85 / Défense d'un enfant accusé injustement

Monsieur,

Mon fils Antoine n'est pas responsable des égratignures du visage de Christophe. Je sais que son air buté le prédestine à des accusations de ce genre mais je pense que vous avez de la réalité une vision partielle qui vous empêche de juger correctement la situation.

Pour ce que j'en sais en effet, Christophe passe une bonne partie des récréations à provoquer la colère des autres enfants, de diverses manières sur lesquelles je ne m'étendrai pas — il pourrait peut-être le faire lui-même si vous le questionnez à ce sujet !

Par conséquent, s'il lui arrive de petites mésaventures, il doit d'abord s'en prendre à lui-même. Et de toute manière, Antoine n'est en rien intervenu dans les événements qui ont provoqué votre lettre.

Veuillez agréer, Monsieur, mes sentiments distingués.

86 / Inquiétude quant aux relations entre jeunes gens

Monsieur,

Votre fils et ma fille se voient régulièrement le samedi soir et je suis un peu inquiet quant à la teneur de leurs relations.

En effet, votre fils a déjà vingt-deux ans et ma fille n'en a que quinze. Vous comprendrez mes craintes, j'en suis sûr.

Je vous serais obligé de bien vouloir user de votre persuasion et, le cas échéant, de votre autorité pour que votre fils cesse de chercher à voir ma fille. J'ai interdit à celle-ci toute sortie jusqu'à nouvel ordre, mais je suis certain que votre fils va chercher à la revoir.

Vous en remerciant, je vous prie d'agréer, Monsieur, l'expression de mes sentiments distingués.

87 / Autorisation pour un mineur

Je soussigné Jean Roublon autorise par la présente mon fils André à quitter le territoire français pendant la période des vacances d'été 1987.

Etudes

Tout au long de la scolarité, un double rapport s'installe : d'une part avec l'institution scolaire, un monde complexe dont il faut connaître les règles, et d'autre part entre enfants et parents à propos du succès plus ou moins grand recueilli à chaque examen. Ce deuxième aspect n'existe qu'en cas d'éloignement et de non utilisation du téléphone. Il n'empêche qu'il est bien utile de le connaître, parce que certaines choses sont parfois plus faciles à écrire qu'à dire... C'est le cas, bien sûr, lorsque les examens ne se sont pas bien passés. Le rôle des parents, selon la manière dont ils l'envisagent, est alors de réconforter ou de réprimander.

Nous avons placé d'abord les lettres concernant les rapports avec l'institution, et ensuite les lettres plus personnelles :

88. *Demande d'inscription dans un établissement scolaire.*
89. *Demande d'inscription aux épreuves du baccalauréat.*
90. *Demande d'inscription dans un centre spécialisé.*
91. *Demande de contact avec un professeur à propos de mauvais résultats d'un enfant.*
92. *Demande de cours particuliers.*
93 et 94. *Mots d'excuses pour une absence ou un retard.*

95. *Demande d'autorisation de sortie.*
96. *Inquiétudes quant à la discipline régnant à l'intérieur d'un établissement scolaire.*
97. *Communication de bons résultats d'examens.*
98. *Félicitations et conseils des parents.*
99. *Communication de mauvais résultats d'examens.*
100. *Conseils réconfortants des parents.*
101. *Réprimandes des parents.*

88 / Demande d'inscription dans un établissement scolaire

Monsieur le Directeur,

Mon fils Stéphane termine actuellement sa troisième à Nancy, où il est pensionnaire, et son travail semble indiquer qu'il n'aura aucune difficulté à passer dans la classe supérieure.

Mais nous venons de déménager, et je souhaiterais le voir poursuivre ses études dans un établissement plus proche de notre domicile. On m'a dit le plus grand bien du vôtre.

Pouvez-vous me dire à quelles conditions il serait autorisé à s'inscrire chez vous ?

Dans l'attente de votre réponse, je vous prie de croire, Monsieur le Directeur, à l'assurance de mes sentiments respectueux.

89 / Demande d'inscription aux épreuves du baccalauréat

Monsieur le Recteur,

Je désire me présenter à la prochaine session des épreuves du baccalauréat.

Pouvez-vous me faire parvenir les documents d'inscription ?

Vous en remerciant, je vous prie d'agréer, Monsieur le Recteur, l'expression de mon profond respect.

90 / Demande d'inscription dans un centre spécialisé

Monsieur le Directeur,

Je souhaite compléter ma formation d'ingénieur par un approfondissement en informatique, et j'aimerais suivre ces études dans votre Centre.

Dans quelles conditions puis-je m'inscrire à ces cours ?

Les documents que je joins à ma lettre, qui situent plus précisément les études déjà accomplies, vous permettront de juger de mes aptitudes.

Dans l'attente de votre réponse, veuillez agréer, Monsieur le Directeur, l'expression de mes sentiments respectueux.

91 / Demande de contact avec un professeur à propos des mauvais résultats d'un enfant

Monsieur le Professeur,

Les résultats de ma fille Dominique, en histoire, m'inquiètent autant que vous. Il s'agit d'ailleurs là d'une matière dont l'importance n'est pas toujours reconnue à sa juste valeur, et je crains que Dominique la prenne un peu à la légère à cause de cela. Il est évident que cela doit changer.

Vous serait-il possible de nous recevoir, mon épouse et moi, afin d'examiner la meilleure manière d'améliorer ses résultats ?

Nous pourrions nous voir, si cela vous convient, un prochain vendredi après 16 heures.

Dans l'attente, soyez assuré, Monsieur le Professeur, de ma parfaite considération.

92 / Demande de cours particuliers

Monsieur,

Mon fils Gaëtan éprouve quelques difficultés à suivre son cours de mathématiques. Aussi souhaiterais-je qu'il profite du congé de Pâques pour mettre les bouchées doubles et rattraper son retard.

La qualité de votre enseignement m'a été vantée par plusieurs amis. Pourriez-vous vous charger de deux heures de cours quotidiens pendant une semaine ?

Il serait peut-être nécessaire d'envisager, en fonction du rythme auquel il assimilera la matière, un prolongement de vos cours particuliers après le congé, selon un horaire à définir.

Dans l'attente de votre réponse — et de votre prix —, je vous prie d'agréer, Monsieur, l'expression de mes sentiments distingués.

93 / Mots d'excuses pour une absence

Madame l'Institutrice,

Caroline s'est éveillée ce matin avec un fort mal de tête, et je pense même qu'elle a de la fièvre. J'ai donc jugé plus prudent de ne pas la conduire à l'école, et d'appeler le médecin. J'ignore encore, ce matin, si elle sera absente plusieurs jours, mais je ne manquerai pas de vous le faire savoir dès que le médecin aura établi un diagnostic.

Croyez, Madame l'Institutrice, à mes sentiments les meilleurs.

94 / Mots d'excuses pour un retard

Monsieur le Proviseur,

Mes enfants sont arrivés en retard aujourd'hui au lycée, mais ils n'en sont pas responsables.

En effet, nous sommes sortis très tard avec eux hier soir, et nous avons préféré leur accorder deux heures de sommeil supplémentaires au lieu de les obliger à se rendre au lycée trop fatigués pour que cette journée leur soit vraiment profitable.

Vous voudrez donc bien ne pas leur en tenir rigueur, et de notre côté nous veillerons bien évidemment à ce que cela ne se reproduise pas.

Veuillez agréer, Monsieur le Proviseur, l'assurance de mes sentiments respectueux.

95 / Demande d'autorisation de sortie

Monsieur le Directeur,

Mon fils Charles devrait nous accompagner, mon épouse et moi, ce mardi à l'enterrement de sa grand-mère décédée inopinément samedi.

Pouvez-vous donc lui accorder une autorisation de sortie pour cette matinée ? Il serait de retour dans votre établissement avant la reprise des cours de l'après-midi, le même jour.

En vous remerciant de votre compréhension, je vous prie de croire, Monsieur le Directeur, à mes sentiments distingués.

96 / Inquiétude quant à la discipline

Monsieur le Directeur,

L'établissement scolaire que vous dirigez et où ma fille suit ses études m'a toujours paru offrir toutes les garanties de moralité qu'on peut en attendre dans le but d'une bonne éducation.

Il me revient cependant, ces derniers temps, des bruits persistants à propos d'agissements non conformes à la réputation de votre établissement.

Vous m'obligeriez en acceptant d'avoir avec moi une conversation à ce sujet. Je suis disponible tous les jours à partir de 17 heures.

Je souhaite en effet que vous puissiez enquêter sur le bien-fondé ou non de ces rumeurs et en faire cesser la cause.

Veuillez agréer, Monsieur le Directeur, l'expression de mes sentiments distingués.

97 / Communication de bons résultats scolaires

Chers parents,

Je viens d'obtenir les résultats de mes premiers examens, et je voulais vous les communiquer immédiatement, d'autant qu'ils vous feront plaisir : ils se sont très bien passés, et si la suite est dans le même registre, je n'aurai aucun problème cette année. Pour cela, il faut évidemment que je continue à travailler de la même manière, et je ne prendrai donc pas le temps de rentrer le prochain week-end, malgré le plaisir que j'aurais eu à vous revoir maintenant.

Autour de moi règne actuellement une atmosphère très studieuse, ceux qui sont dans mon cas souhaitent comme moi poursuivre sur le chemin de la réussite, les autres se disant qu'il est encore temps de redresser la situation en mettant tout en œuvre pour cela.

Ayez donc confiance, tout se passera bien.

Je vous embrasse tendrement.

98 / Félicitations et conseils des parents

Cher Yvan,

Nous sommes évidemment très heureux des nouvelles que ta lettre nous a apportées au sujet de tes bons résultats. Et nous ne pouvons que t'encourager à rester dans le même état d'esprit pour compléter ton succès.

Cependant, bien que sachant l'énorme quantité de travail requise par tes examens, nous voudrions te mettre en garde contre un excès de fatigue qui d'une part saperait l'excellente base que tu as construite et d'autre part t'empêcherait de goûter aussi bien que tu l'aurais mérité les premiers jours de vacances.

Prends donc bien soin de toi. Nous attendons avec impatience la fin de ton supplice pour te gâter un peu.

Nous t'embrassons tous deux bien chaleureusement.

99 / Communication de mauvais résultats scolaires

Chers parents,

Je pensais, comme je vous l'avais dit avant de repartir, que les examens de cette année ne devaient pas me poser de gros problèmes. Je me sentais prêt, et je n'imaginais pas possible d'accumuler autant de malchance que j'en ai eue. La plupart des interrogateurs m'ont poussé dans les domaines que je connaissais le moins, et il m'est arrivé de perdre tous mes moyens, ensuite, même pour des questions dont je connaissais fort bien la réponse.

Les résultats que je possède ne sont pas encore complets. Mais beaucoup vont malheureusement dans le sens d'un échec partiel, que je devrai tenter de réparer lors d'une deuxième session.

Je mentirais en disant que je m'y prépare déjà. Mais il y a un peu de cela : les premiers jours, j'étais effondré à l'idée de devoir y faire face.

Maintenant, cela va mieux. Après tout, je suis loin d'être seul dans cette situation, et il est tout à fait possible de s'en sortir malgré tout.

Je vous embrasse tendrement.

100 / Conseils réconfortants des parents

Cher Yvan,

Ta lettre nous a fait de la peine, tu t'en doutes. Mais il n'y a plus rien d'autre à faire, quand les choses sont telles, que d'essayer de les refaire mieux.

Bien sûr, nous sommes déçus parce que tu nous avais mis en confiance et nous considérions donc ces examens plutôt comme une désagréable formalité. C'est donc une douche froide que tu nous assènes, tu le comprendras.

En même temps, ton état d'esprit nous rassure. Tu devrais avoir la force d'affronter une deuxième session avec toutes les chances de ton côté.

Tâche quand même de finir cette année aussi bien que possible, des succès partiels pouvant toujours t'être utiles.

Nous comptons sur ta volonté, et nous te soutenons de tout notre cœur.

101 / Réprimandes des parents

Cher Yvan,

C'est peu dire que ta lettre nous a fait de la peine. Sur base de ce que tu nous avais dit, nous étions sereins dans l'attente de tes résultats, et voilà qu'ils se révèlent exactement opposés à ce que tu espérais, à ce que nous espérions !

Il nous semble que tu as fait preuve de légèreté. Etre trop sûr de soi est loin d'être une qualité, il nous semblait te l'avoir déjà fait comprendre à plusieurs reprises. Il semble que tu n'en as pas suffisamment tenu compte, et que tu dois maintenant payer l'addition de ce que tu as toi-même consommé : trop de loisirs, pas assez de travail !

Il ne te reste qu'à reprendre le collier aussi vite que possible. Nous comptons sur toi pour cela, et nous sommes prêts à t'aider si tu le veux, à t'y pousser si c'est nécessaire.

En attendant, nous t'embrassons.

Excuses

Les lettres d'excuses ne sont pas monnaie courante. Peut-être parce qu'on préfère généralement rester sur ses positions, même quand on sait ne pas avoir raison. Il ne faut évidemment pas s'aplatir devant qui que ce soit, mais reconnaître qu'on s'est trompé n'a rien de déshonorant.

Il suffit de rappeler les faits, d'apaiser les esprits et de souhaiter un avenir plus serein. On a donc, dans ce type de lettre, trois temps :
— il s'est passé ceci;
— je m'en excuse;
— cela ira mieux demain...
en simplifiant un peu, bien entendu !

Ce sujet est l'occasion de poser un problème courant de bon usage de la langue française : faut-il dire *je m'excuse* ou *excusez-moi* ? La première expression, bien qu'encore parfois considérée comme fautive, est aussi correcte que la seconde et toutes celles qui lui ressemblent (*veuillez m'excuser, je vous demande pardon,* etc.). Il est aussi légitime de présenter ses excuses que de demander pardon !

Nous nous excusons donc d'avoir dû faire cette mise au point et vous prions de trouver ci-après la liste des lettres à ce sujet :

102 / Tentative de réconciliation

Monsieur,

Vous avez sans doute toutes les raisons de m'en vouloir. Je ne veux même pas discuter ces raisons, qui vous sont propres. Néanmoins, il doit être possible que des personnes de bonne volonté parviennent à s'entendre sur un minimum de points, et au moins sur la courtoisie qui doit présider à leurs rapports.

Je vous propose donc de nous revoir prochainement pour avoir une discussion de fond sur les problèmes qui nous séparent. Je suis certain qu'un terrain d'entente peut être trouvé, si minime soit-il.

Si vraiment vous ne désirez pas accepter cette tentative de conciliation, je vous saurai gré de ne plus engager la conversation avec moi sur tous les sujets qui ont déjà provoqué des dissensions.

Veuillez croire, Monsieur, à ma volonté d'apaisement.

103 / Excuses après un moment d'emportement

Monsieur,

Vous avez toujours témoigné envers moi d'une irréprochable amabilité, et je vous en remercie.

Vous me voyez d'autant plus marri des mots brutaux que j'ai eus envers vous hier soir. Ils ont largement dépassé ma pensée, et j'aurais dû garder mon calme pour discuter sereinement avec vous du point précis qui nous a, pour une fois, séparés.

J'espère que nous aurons prochainement l'occasion de nous revoir et de poursuivre cette discussion sur des bases plus saines. J'y suis pour ma part tout à fait décidé.

Vous remerciant encore d'une attitude bienveillante dont je me suis montré bien peu digne, je vous prie d'accepter, Monsieur, mes excuses les plus sincères.

104 / Excuses antérieures à un rendez-vous

Monsieur,

Vous m'aviez fixé rendez-vous ce vendredi à 16 heures à votre bureau. Des circonstances inattendues et particulièrement contraignantes m'empêchent cependant de me libérer ce jour-là. J'en suis désolé.

Pouvez-vous me recevoir à un autre moment ? Le vendredi suivant à la même heure serait parfait, si cela vous convient aussi.

Dans l'attente de votre réponse, je vous prie d'agréer, Monsieur, l'expression de mes sentiments distingués.

105 / Excuses postérieures à un retard

Monsieur,

Le travail que vous m'aviez confié pour le 15 mai n'a pu être terminé à cette date, par suite d'événements extérieurs complètement indépendants de ma volonté.

Vous avez évidemment toutes les raisons de m'en vouloir. Je vous demande cependant de tenir compte des circonstances, que je pourrai vous préciser si vous le jugez utile, et d'accepter un retard d'une semaine.

Je suis confus de provoquer ce contretemps dans votre organisation et vous présente mes excuses.

Veuillez agréer, Monsieur, l'expression de mes sentiments distingués.

Félicitations et fêtes

Adresser ses félicitations pour la réussite d'un objectif dans la vie (nous avons séparé ce qui concernait le mariage, qui forme une grande partie de ce domaine) ou envoyer un mot à l'occasion d'une fête (là aussi, nous avons choisi de consacrer une partie distincte aux vœux de nouvel an), voilà deux catégories de lettres qui doivent respirer la joie.

Une seule chose compte vraiment dans cette catégorie de lettres : accorder toute l'importance à celui (ou celle) à qui on s'adresse. Tout ce qui concerne l'expéditeur est sans intérêt et doit être sévèrement retranché de la lettre. Sauf, bien entendu, s'il s'agit d'être prêt à aider en cas de besoin, d'organiser une fête en l'honneur du destinataire, etc.

Voici la liste des lettres :

106. *Félicitations à un ami pour une réussite professionnelle.*
107. *Anniversaire d'une jeune fille.*
108. *Anniversaire du père.*
109. *Fête des mères.*

On modifiera les lettres en fonction du destinataire. Par exemple, pour l'anniversaire d'une grand-mère, on écrira la lettre 108 comme ceci :

Chère grand-mère,

J'aurais préféré... (sans modification).

Il me vient à l'esprit que les années passent sans qu'on s'en aperçoive, et que peut-être nous avons manqué quelques bons moments à force d'être pressés par la vie. Tu sais bien que les grands-parents deviennent, quand les enfants grandissent, des personnes un peu lointaines. C'est ensuite seulement que le souvenir les rapproche.

J'en suis là maintenant, et même j'attends encore beaucoup de toi. Ce ne seront plus les histoires que tu me racontais quand j'étais petite, mais ton cœur est toujours généreux, je le sais. Alors, porte-toi bien, grand-mère chérie, et n'oublie pas que ta petite-fille t'aime.

Je t'embrasse affectueusement.

106 / Félicitations à un ami pour une réussite professionnelle

Cher Maurice,

Tous tes amis savaient depuis longtemps que tu méritais un poste davantage en rapport avec tes capacités que celui que tu occupais jusqu'à présent. Nous sommes tous heureux de constater que c'est chose faite.

Nous te félicitons chaleureusement pour cette promotion si justifiée, et nous nous en réjouissons avec toi.

Nous avons l'intention d'organiser à cette occasion une petite fête dont tu serais l'invité vedette. Nous te tiendrons au courant, bien entendu.

En attendant de te revoir à cette occasion, sois assuré de notre amitié.

107 / Anniversaire d'une jeune fille

Chère Angélique,

Chaque année qui passe t'ouvre de nouvelles portes dans la vie. Tu les pousses sans toujours savoir lesquelles sont les bonnes. C'est cela aussi, grandir…

Nous te souhaitons bien sincèrement de tenir ouvertes toutes les portes qui peuvent t'enrichir, et de reclaquer les autres. Tu peux toujours compter sur nous pour t'aider à le faire le jour où tu en aurais besoin.

En attendant, nous te souhaitons un bon anniversaire et t'embrassons.

108 / Anniversaire d'un père

Cher papa,

J'aurais préféré te souhaiter un bon anniversaire de vive voix, mais puisque tu restes opposé au téléphone, je t'envoie ce petit mot.

Il me vient à l'esprit que les années passent sans qu'on s'en aperçoive, et que peut-être nous avons manqué quelques bons moments à force d'être pressés par la vie. Tu sais bien que les enfants pensent surtout, à un certain âge, à vivre leur propre vie. C'est ensuite seulement qu'ils se souviennent de leurs parents et se rendent compte de tout ce qu'ils leur ont apporté et leur apportent encore.

J'en suis là maintenant, et même j'attends encore beaucoup de toi et de maman. Alors, porte-toi bien, papa chéri, et n'oublie pas que ta grande fille t'aime.

Je t'embrasse affectueusement, ainsi que maman.

109 / Fête des mères

Chère maman,

C'est ta fête, tu l'as bien méritée ! Bien sûr, il serait un peu trop facile de t'adresser tous les souhaits de bonheur en ce seul jour. Aussi est-ce surtout l'occasion de te dire que je pense bien souvent à toi.

Puisque c'est la tradition, respectons-la quand même : bonne fête, des sourires autour de toi toute la journée... et dans les semaines et les mois qui viennent !

Sois heureuse, comme tu m'as appris à l'être.

Je t'embrasse tendrement.

Fiançailles

Par bien des aspects, le courrier relatif aux fiançailles ressemble à celui relatif au mariage. Il sera donc utile d'aller voir aussi à cette partie de notre ouvrage pour compléter votre information. Vous ne trouvez ici que ce qui est relatif aux fiançailles proprement dites, c'est-à-dire à un pré-engagement, si l'on veut.

C'est un moment de la vie où les parents peuvent, s'ils le désirent, jouer un grand rôle. C'est le moment pour eux d'appuyer, ou de refuser au contraire, le choix de leur enfant. De toute manière, il va de soi que le jeune homme,ou la jeune fille, qui se prépare à des fiançailles pense d'abord à se marier, et il ne s'agit là que d'une étape sur cette route désormais bien tracée. Il ne s'agit donc pas d'annoncer aux parents : nous nous fiançons, mais bien : nous désirons nous marier et donc nous nous fiançons.

La manière de l'annoncer est fonction des rapports que l'on a avec les parents. Mais nous ne sommes plus au temps où le jeune homme demandait cérémonieusement la main de son aimée au père de celle-ci...

Après les lettres familiales, nous donnons une série de très brèves formules, suffisantes pour annoncer les fiançailles.

110. *Annonce aux parents du désir de se marier.*
111. *Accord des parents.*
112. *Refus des parents.*
113 à 116. *Faire-part de fiançailles.*

110 / Annonce aux parents du désir de se marier

Chers parents,

Luc et moi avons eu une grande conversation à propos de notre avenir. Vous savez comment se font ces choses : on n'y pense pas, jusqu'au jour où tout à coup on réalise que les années à venir sont en grande partie conditionnées par le choix familial que l'on fait... Mais je ne vais pas vous expliquer un cheminement que vous avez vous-mêmes suivi, ce serait ridicule !

La décision est tombée très vite : nous sommes faits pour nous entendre, et nous souhaitons nous marier. Je vois d'ici vos conseils de prudence. Ils sont inutiles : nous avons eu le temps de réfléchir, et notre choix n'est que l'aboutissement normal d'un parcours déjà long. Ou plutôt, devrais-je dire, le point de départ normal d'un parcours plus long encore...

.../...

Bien sûr, nous en parlerons ensemble à la première occasion. Je ne serai d'ailleurs pas longue avant de passer vous embrasser. Mais dans l'immédiat, nous aimerions que vous pensiez déjà à fixer une date pour nos fiançailles, pour lesquelles le plus vite sera le mieux. Il n'y faut pas mettre de cérémonie, l'essentiel étant le mariage que nous envisageons dans quelques mois.

Comptant sur votre accord, nous vous embrassons tous les deux.

111 / Accord des parents

Chère Agnès,

Nous nous réjouissons d'une décision à laquelle, pour tout dire, nous nous attendions depuis un moment. Luc est un garçon tout à fait charmant que nous apprécions beaucoup, et nous ne pouvons que vous féliciter de votre choix mutuel. Vous êtes un beau couple, à vous maintenant de le mener très loin sur les chemins parfois difficiles de la vie.

Mais le moment n'est pas venu de vous faire déjà la morale, vous êtes assez grands pour savoir à quoi vous vous engagez.

Pensons donc plutôt à mettre les choses au point sur un plan pratique. Voyons-nous aussi vite que possible pour fixer la date de vos fiançailles. Il faudrait aussi prendre contact avec les parents de Luc. T'en charges-tu ou veux-tu que nous nous en occupions ?

Nous vous embrassons tous les deux en même temps que nous vous souhaitons tout le bonheur possible.

112 / Refus des parents

Chère Agnès,

Tu es sans doute assez adulte pour savoir ce que tu fais, mais pour une fois, nous nous demandons si tu as suffisamment réfléchi aux conséquences de l'engagement que tu désires prendre avec Luc.

Certes, nous n'avons rien contre ce garçon qui nous a toujours semblé très correct. Mais crois-tu vraiment qu'il est celui avec qui tu peux construire toute ta vie à venir ? Franchement, nous avons quelques doutes à ce sujet et au moment où tu nous demandes de fixer une date pour vos fiançailles, nous avons envie de te dire : réfléchis encore !

La voix de la raison n'est évidemment pas toujours celle qu'il est le plus agréable d'entendre, mais il nous semble nécessaire d'en être les représentants.

Parlons-en, si tu veux, à la première occasion.

Nous t'embrassons tendrement.

113 à 116 / Faire-part de fiançailles

Monsieur et Madame Jacqmain

sont heureux de vous faire part des fiançailles de leur fille Agnès avec Monsieur Luc Vienne.

Agnès Jacqmain

a la grande joie de vous faire part de ses fiançailles avec Luc Vienne.

Monsieur et Madame Vienne

ont l'honneur de vous faire part des fiançailles de leur fils Luc avec Mademoiselle Agnès Jacqmain.

Luc Vienne

a le plaisir de vous annoncer ses fiançailles avec Agnès Jacqmain.

Invitations

Plus ou moins amicales, plus ou moins formelles, les invitations supposent le plus souvent une réponse. Pas de problèmes, évidemment, lorsqu'il s'agit seulement de renvoyer un carton. Dans les autres cas, un petit mot s'impose, sur le même ton que l'invitation.

Dans l'invitation proprement dite, et quel que soit le ton sur lequel elle est faite, deux éléments doivent être absolument présents, et de préférence dans cet ordre :

— raison de l'invitation;
— lieu, jour et heure.

Cela paraît évident. Et pourtant, combien de lettres auxquelles il faut répondre par une question parce qu'un de ces deux éléments (le plus souvent une partie du second) manque !

Dans la réponse, l'essentiel tient dans l'acceptation ou le refus. Il n'est pas toujours nécessaire d'invoquer, pour un refus, des raisons précises, l'exposé de celles-ci étant réservé aux amis proches. Dans les autres cas, une vague indication du temps qui manque, d'un autre engagement, sera bien suffisante.

117. *Invitation amicale à un dîner intime.*
118. *Invitation anonyme à l'ouverture d'une boutique.*

119. *Invitation anonyme à une présentation de produits.*
120. *Réponse amicale et positive.*
121. *Réponse amicale et négative.*
122. *Réponse formelle et négative.*

Notez bien que, lorsque vous invitez des amis, il est indispensable de les avertir de la présence éventuelle d'autres personnes. Par exemple, à la lettre 117, on ajoutera ceci entre le premier et le deuxième paragraphe :

> *Les X. seront présents également, puisque vous nous aviez dit que vous aviez envie de les connaître.*

117 / Invitation amicale à un dîner intime

Chers amis,

On en a déjà souvent parlé, et nous aimerions que cela se concrétise cette fois : si vous veniez manger à la maison samedi prochain ? Pour être précis, disons même que nous vous attendrons vers 19 heures et jusqu'à une heure beaucoup plus indéterminée...

Evidemment, ceci n'est pas un ordre et peut-être avez-vous déjà d'autres engagements, auquel cas le mieux serait de reporter votre visite au samedi suivant, même heure.

Qu'en dites-vous ? Répondez-nous vite.

Nous comptons sur vous.

118 / Invitation anonyme à l'ouverture d'une boutique

Simone X.

a la joie de vous inviter à visiter la boutique de cadeaux qu'elle vient d'ouvrir dans la Grand-Rue, n° 32.

Vous serez la bienvenue lors de la petite fête d'ouverture, ce vendredi 5 mai à partir de 17 heures.

119 / Invitation anonyme à une présentation de produits

Madame,

J'ai le plaisir de vous informer que la nouvelle gamme de produits « Best » sera présentée en mon domicile, 23 rue d'Amoy, ce mardi 5 novembre de 14 à 16 heures.

Vous êtes cordialement invitée à assister à cette démonstration effectuée, bien sûr, sans obligation d'achat.

Je vous prie d'agréer, Madame, mes sincères salutations.

120 / Réponse amicale et positive

Chers amis,

C'est d'accord pour samedi, si cela vous convient toujours. On se demande d'ailleurs comment il est possible que tant de temps se soit passé déjà depuis la dernière fois que nous nous sommes vus et nous nous réjouissons d'avance de tout ce que nous avons à nous raconter.

Nous arriverons vers sept heures du soir, comme convenu. Et nous n'avons rien de particulier à faire le lendemain...

Tout au plaisir de vous retrouver.

121 / Réponse amicale et négative

Chers amis,

Vous allez être déçus, mais si cela peut vous consoler, nous le sommes tout autant : il ne nous est pas possible de répondre favorablement à votre invitation si aimable.

En effet, tous nos week-ends sont pris jusqu'au début de juillet, moment auquel nous partons en Italie pour un mois complet.

Nous retenons cependant l'idée, et dès notre retour vous aurez de nos nouvelles, avec des propositions d'autres dates, en espérant qu'à ce moment cela conviendra à tout le monde.

Dans l'attente, on pense bien à vous.

122 / Réponse formelle et négative

Cher Monsieur,

Votre invitation m'est bien parvenue et je vous en remercie.

Il ne me sera malheureusement pas possible d'être des vôtres vendredi soir, ayant antérieurement accepté une autre invitation.

Je serai cependant de tout cœur avec vous et souhaite une belle réussite pour votre soirée.

Je vous prie de croire, cher Monsieur, à mes sentiments les meilleurs.

Justice

Les actions en justice ne nécessitent pas obligatoirement du courrier. Elles se traitent généralement par l'intermédiaire d'un avocat, et le contact avec celui-ci peut se faire de vive voix. Il arrive cependant, pour diverses raisons, qu'on soit amené à écrire au sujet d'affaires de justice.

Il faut alors préciser clairement de quelle affaire on parle. S'il s'agit d'une nouvelle affaire surtout, il faut l'exposer clairement ou — de préférence — demander un rendez-vous afin de s'en expliquer en détail.

L'avocat à qui vous vous adressez devient en quelque sorte votre homme de confiance. Vous le payez pour cela. Il ne faut pas cependant le confondre avec un employé de maison…

Les magistrats auxquels vous pouvez avoir besoin de vous adresser (lettres 126 et 127) doivent être traités avec le plus grand respect, ne serait-ce qu'en raison de leur pouvoir bien réel dans l'affaire qui vous occupe.

Voici la liste des modèles de lettres :

123 et 124. *Demandes à un avocat de se charger d'une affaire.*
125. *Demande de renseignements au sujet d'une affaire en cours.*
126. *Plainte auprès du Procureur de la République.*
127. *Demande en appel au Président de la Cour d'Appel.*

123 / Demande à un avocat de se charger d'une affaire

Maître,

Je suis inculpé de coups et blessures sur la personne de Michel X., les faits s'étant produits le 3 mars dernier.

Cependant, j'ai l'intention de plaider non coupable, car je n'ai fait que me défendre face à une agression. Le responsable était en état d'ivresse et plusieurs personnes peuvent du reste en témoigner. C'est d'ailleurs à cause de cet état qu'il a perdu l'équilibre suite à la petite poussée par laquelle je cherchais à me débarrasser de son contact.

L'affaire me semble claire. Pouvez-vous vous charger d'assurer ma défense ?

Dans l'attente de votre réponse, je vous prie de croire, Maître, à mes sentiments respectueux.

124 / Demande à un avocat de se charger d'une affaire

Maître,

La Société X. me doit depuis deux ans, pour des travaux dont je vous joins le détail d'après une facture établie à l'époque, la somme de 45 000 francs. J'ai pris patience jusqu'à présent, mais il semble de plus en plus évident que le recouvrement de cette somme dont j'ai besoin ne pourra se faire que par l'intermédiaire d'une action en justice.

Pouvez-vous vous charger de cette affaire et me fixer rendez-vous en votre cabinet pour préciser les premières démarches ?

Vous en remerciant, je vous prie d'agréer, Maître, l'assurance de ma considération distinguée.

125 / Demande de renseignements au sujet d'une affaire en cours

Maître,

L'affaire dont je vous ai chargé il y a deux mois me semble stagner. Mais peut-être a-t-elle connu une évolution que j'ignore encore ?

Par conséquent, je vous serais reconnaissant de bien vouloir me tenir informé de son évolution, celle-ci serait-elle même provisoirement arrêtée.

Vous en remerciant, veuillez agréer, Maître, l'expression de ma parfaite considération.

126 / Plainte auprès du Procureur de la République

Monsieur le Procureur de la République,

Depuis plus de cinq mois, mon mari ne verse plus la pension alimentaire due pour nos trois enfants dont la charge m'a été confiée lors de notre séparation, sur jugement intervenu le 8 mars 1980.

Jusqu'au mois dernier, j'avais un travail qui me permettait de subvenir à nos besoins, et je m'étais contentée d'écrire à mon mari pour réclamer l'argent qu'il nous doit, sans envisager d'intervenir auprès de vous. Mais d'une part mes lettres n'ont provoqué aucune réaction, et d'autre part j'ai perdu mon emploi, ce qui rend notre situation très difficile.

Je vous serais donc reconnaissante d'intervenir afin de nous faire obtenir ce qu'il nous doit.

Veuillez agréer, Monsieur le Procureur de la République, l'assurance de ma très haute considération.

127 / Demande en appel au Président de la Cour d'Appel

Monsieur le Président,

En accord avec mon avocat, Maître X., je vous serais obligé de bien vouloir agréer ma demande en appel, dans l'affaire dont je vous joins les copies de la première décision de justice.

Dans l'attente de votre réponse, je vous prie de croire, Monsieur le Président, à l'assurance de ma très haute considération.

Location

Les rapports entre propriétaires et locataires sont souvent conflictuels, mais ces moments difficiles ne sont pas non plus les seuls à intervenir dans leur relation.

Dans un premier temps, celui qui désire louer une maison ou un appartement part à la recherche de ce toit. Il s'adresse, par exemple, à une agence. Il est important de dire exactement ce qu'il veut : situation, dimension, prix, autres caractéristiques auxquelles il attache de l'intérêt... Les lettres de demande de location doivent donc être très précises.

Ensuite, avant même la location, il vaut mieux établir clairement le contrat sur lequel se constituera le rapport, afin que les possibilités de conflits soient réduites au minimum.

Néanmoins, il arrive que des problèmes se posent. Il faut alors réclamer selon son droit. Ni plus, ni moins. Une lettre de réclamation (lettres 131 et 132) devrait être extrêmement claire et sans animosité. Elle devrait comporter les éléments suivants :

— objet de la réclamation;

— solution proposée;

— menace de réaction en cas de non satisfaction.

Ferme et poli, vous serez toujours mieux entendu que guidé par la colère.

Voici les exemples choisis :

128. *Recherche d'un appartement.*
129. *Demande de location.*
130. *Demande d'établissement d'un bail écrit.*
131. *Demande de réparation par le propriétaire.*
132. *Réclamation portant sur les charges locatives.*
133. *Réclamation de paiement du loyer.*
134. *Excuses et paiement du loyer en retard.*

128 / Recherche d'un appartement

Monsieur,

Pour des raisons professionnelles, il m'est indispensable de trouver un logement à Paris pour toute ma famille. Un appartement de 70 à 80 m^2 pourrait convenir, à condition qu'il soit équipé d'une cuisine et d'une salle de bain, et qu'il ait deux chambres.

Le loyer ne devrait par dépasser 3 000 francs, et je préférerais que l'appartement soit situé dans le 13e arrondissement, aux environs de la Place d'Italie.

Avez-vous quelque chose à me proposer dans cette gamme de logements ?

Avec mes remerciements, veuillez agréer, Monsieur, toute ma considération.

129 / Demande de location

Monsieur,

Parmi les appartements que vous m'avez proposés, et que j'ai visités, celui de la rue Ricaut (au 3e étage du n° 7) me convient tout à fait, à 2 900 francs par mois comme convenu avec votre représentant.

Je souhaite donc que vous établissiez un bail de location aux conditions habituelles, à partir du mois prochain, puisque les lieux sont actuellement libres d'occupation.

Veuillez agréer, Monsieur, toute ma considération.

130 / Demande d'établissement d'un bail écrit

Monsieur,

Dans l'hypothèse où je louerais un des appartements que vous m'avez proposés, je souhaite qu'un bail écrit soit établi. De cette manière, les éventuels conflits pouvant survenir seront plus aisément résolus.

Il va de soi que je ne cherche pas ainsi à récolter les avantages sans les inconvénients, mais seulement à clarifier les choses.

Vous en remerciant, je vous prie d'agréer, Monsieur, mes sentiments distingués.

131 / Demande de réparation par le propriétaire

Monsieur,

Lors de mon installation dans l'appartement que j'occupe actuellement, il avait été constaté simultanément par vos services et par moi que la chasse d'eau était défectueuse. Vous m'aviez alors promis verbalement que le nécessaire serait fait rapidement pour la réparer ou la remplacer.

Malgré plusieurs rappels effectués par téléphone, aucune initiative de votre part n'a été enregistrée pour cette réparation.

C'est évidemment un petit détail, mais ce détail me coûte cher en eau gaspillée...

Je vous signale donc que, le 15 de ce mois, si aucun fait nouveau n'est intervenu entre-temps, la réparation sera effectuée à mes frais, et le montant de la facture (dont je vous enverrai une copie) sera retenu sur le montant du prochain loyer.

Veuillez agréer, Monsieur, toute ma considération.

132 / Réclamation portant sur les charges locatives

Monsieur,

L'entretien des parties communes de l'immeuble que j'habite devrait être assuré, d'après la convention de location, par la concierge.

Or il est fréquent que plusieurs semaines se passent sans le moindre nettoyage. Celui-ci n'étant donc actuellement pas effectué régulièrement comme ce serait souhaitable, je vous saurais gré de bien vouloir y faire procéder par tous les moyens qui vous semblent efficaces.

Le montant du loyer comprend en effet des charges locatives payées notamment à cet effet, et nous sommes en droit d'attendre que cette clause du contrat soit respectée.

Je vous prie de croire, Monsieur, à mes sentiments distingués.

133 / Réclamation de paiement du loyer

Monsieur,

Au début de novembre, j'ai bien reçu comme convenu le montant du loyer accompagné d'une caution équivalente au montant de deux mois de location.

Mais en décembre, mon compte n'a pas été crédité de la somme correspondant au mois de loyer. Nous sommes maintenant en janvier, et aucun versement n'a encore été enregistré.

Restent donc dus les loyers de décembre et de janvier, que je vous serais reconnaissant de régler au plus vite.

Espérant qu'il ne s'agit là que d'un petit malentendu, croyez, Monsieur, à mes sentiments les meilleurs.

134 / Excuses pour un retard de paiement du loyer

Monsieur,

Dès réception de votre lettre du 15 courant, j'ai procédé à une vérification des faits dont vous me parliez. Et j'ai bien dû constater que vous aviez raison : le montant des loyers de décembre et janvier ne vous a pas été versé.

Je pensais avoir établi un ordre permanent auprès de ma banque pour que le loyer vous soit versé régulièrement chaque 1er du mois.

En réalité, je n'étais pas allé jusqu'au bout de la procédure et il me restait un document à compléter.

La somme qui vous était due a été virée dès aujourd'hui à votre compte, et un ordre permanent vous assure maintenant de la régularité des paiements à venir.

Je vous prie, Monsieur, d'accepter mes excuses pour ce désagrément et de croire à mes sentiments les meilleurs.

Maladie, accident

La maladie et l'accident sont des états provisoires, dont il faut toujours espérer qu'ils évoluent vers un retour à la bonne santé. Tel est le sens général des lettres qu'on peut expédier à ces occasions.

Il est permis, bien entendu, d'exprimer de l'inquiétude si on la ressent. Mais pas au point d'alarmer son correspondant davantage qu'il pourrait l'être déjà par son état ou celui du proche qui souffre (car on peut aussi bien écrire au malade, au blessé, qu'à un de ses proches pour souhaiter son rétablissement).

Le comble du mauvais goût serait atteint par cette apostrophe à l'adresse d'une connaissance mal en point : « Pas encore mort ? » L'humour noir ne convient pas à ceux qui souffrent...

Il convient donc d'être globalement rassurant et d'exprimer son espoir en un avenir plus souriant que l'est le présent.

Voici des lettres qu'on peut écrire en ces circonstances :

135. *A un ami accidenté.*
136. *A la femme d'un ami accidenté.*
137. *Au mari d'une femme tombée malade.*
138. *Demande à un médecin de transmission d'un dossier.*

135 / Souhaits de prompt rétablissement à un ami accidenté

Mon cher Jacques,

Nous avons appris l'accident qui te cloue au lit pour cette longue période. Nous sommes de tout cœur avec toi pendant cette épreuve, sachant combien tu es une personne active, supportant mal d'être ainsi empêché de faire ton travail et tout ce dont tu as envie.

Dis-toi qu'il s'agit là d'un mauvais moment à passer, même si tu l'aurais préféré plus court. Il vaut mieux rester tranquille le temps nécessaire à recouvrer ensuite une santé parfaite. Tu ne crois pas ?

Reçois en tout cas nos plus sincères souhaits de prompt rétablissement.

136 / Souhaits de prompt rétablissement à l'épouse d'un ami accidenté

Chère Martine,

Nous avons appris avec stupéfaction et tristesse l'accident dont André avait été victime.

Il ne nous a pas encore été possible de passer le voir à l'hôpital, mais nous ne manquerons pas de le faire dans les jours qui viennent.

En attendant, si tu avais besoin de quelque chose, tu sais que tu peux nous appeler. Nous ferons tout ce que nous pouvons pour t'aider dans ces jours qui doivent t'être pénibles.

Transmets nos vifs souhaits de rétablissement à André, et prends bien soin de toi.

137 / Demande de nouvelles à un ami dont l'épouse est tombée malade

Cher ami,

J'apprends que votre épouse est tombée malade. Sachant combien les liens qui vous attachent sont forts, je m'en attriste autant pour vous que pour elle.

Rassurez-moi : ce n'est pas trop grave, n'est-ce pas ? Je ne peux que souhaiter la voir bientôt sur pied, aussi fraîche et dynamique qu'elle l'était il y a un mois, lorsque je vous ai vus tous les deux.

En attendant, je ne peux que vous redire mon amitié, avec toute ma fidèle attention.

138 / Demande de transmission d'un dossier médical

Docteur,

J'ai été soigné par vous pour une maladie précise, mais mon dossier médical complet est en possession du docteur X. qui est mon médecin traitant depuis de nombreuses années déjà.

Par conséquent, il serait utile que le docteur X. entre en possession d'une copie du dossier que vous avez établi sur moi. Je vous serais très obligé de bien vouloir le lui transmettre aussi rapidement que possible.

En vous remerciant, je vous prie d'agréer, Docteur, l'expression de mes sentiments distingués.

Mariage

Le mariage est une occasion de joie qu'on désire généralement faire partager à tous les amis, à tous les proches. Il convient donc de les en avertir de différentes manières.

A un(e) ami(e) très proche, on écrira une lettre dès que le mariage est décidé. Un peu de fantaisie n'est pas exclue de cette lettre, ni d'ailleurs de la réponse que fera l'ami(e). Après tout, si le mariage est une chose sérieuse, il n'est pas à prendre au tragique. Evitez donc les formules guindées, il y a suffisamment d'autres occasions pour les utiliser.

Aux autres personnes, on enverra un faire-part assez classique. Les imprimeurs en ont des modèles plus nombreux qu'ici, et il est possible de prendre exemple sur eux. Mais là aussi, l'imagination peut être mise en pouvoir, en fonction de votre créativité propre.

Les félicitations adressées aux parents des mariés ou aux mariés eux-mêmes, selon les rapports qu'on entretient avec ceux-ci ou avec la famille, seront soumises aux mêmes normes : la fantaisie ou la rigueur selon les cas...

139 et 141. *Annonce du mariage à une amie.*
140 et 142. *Réponse de l'amie.*
143 et 144. *Faire-part de mariage.*
145. *Félicitations classiques aux parents.*

139 / Annonce du mariage à une amie

Chère Gisèle,

C'est décidé : Marc et moi, nous nous marions le 15 avril ! Tu n'imagines pas combien je suis heureuse.

Tu sais combien il est loin de penser, généralement, à tout ce qui pourrait donner un peu plus de stabilité à sa vie. Mais là, pas de problèmes !

J'en suis encore toute bouleversée, et cependant cela s'est passé il y a déjà presque deux semaines.

J'ai tardé à te l'annoncer parce que je voulais d'abord être certaine qu'il n'y avait aucun obstacle du côté des parents. Mais comme je l'espérais, tout s'est bien passé de ce côté également. Mes parents aiment beaucoup Marc et je m'entends très bien avec les siens. Tout est donc pour le mieux dans le meilleur des mondes !

Mais je te parle de moi et j'oublie de te demander des nouvelles de toi.

En les attendant, je te signale déjà que j'aimerais beaucoup t'avoir pour témoin de ce grand événement que sera mon mariage.

A bientôt.

140 / Réponse de l'amie

Chère Corinne,

Ainsi donc, tu t'es décidée ! Je commençais à me demander quand Marc et toi passeriez enfin aux choses sérieuses. Je suis heureuse pour toi que tout se soit si bien passé et j'espère de tout cœur que ce mariage, si bien commencé avant même d'être officiel, sera vécu ensuite avec autant de chance.

Je t'envie un peu, et en même temps je suis inquiète. C'est une étape importante dans une vie et il ne faut donc pas la manquer. Je ne pense pas que tu coures beaucoup de risques de ce côté, je connais trop bien ta tête froide et ton esprit pratique, capable de venir à bout de tous les problèmes qui pourraient se poser.

Bien sûr, j'accepte avec plaisir d'être ton témoin lors de la cérémonie. C'est même un grand honneur que tu me fais, un signe de confiance qui me va droit au cœur et dont je te remercie.

Prépare-toi bien et n'oublie pas de me communiquer la date dès qu'elle est fixée.

Je t'embrasse amicalement.

141 / Annonce du mariage à une amie

Chère Julie,

Tu devrais être la toute première à l'apprendre si la rumeur n'a pas précédé ma décision comme cela arrive parfois. Tu sais bien : avant même qu'on ait décidé quelque chose, d'autres personnes pensent que c'est fait depuis longtemps et n'hésitent pas à répandre le bruit...

Bref, si cela ne s'est pas produit encore, je t'annonce que je me marie ! J'imagine que ce n'est pas vraiment une surprise pour toi, puisque je t'avais déjà laissé entendre que cela devait finir par arriver, et que j'en avais en tout cas envie. Cette fois, Olivier a accepté, ses parents aussi, les miens de même, tout baigne !

La date de cet événement — car c'en est un, je t'assure ! — est fixée au 12 juillet. N'oublie pas cette date, on compte sur ta présence.

En attendant la joie de te revoir, je t'embrasse pour te faire partager un peu de mon bonheur.

142 / Réponse de l'amie

Chère Béatrice,

Ainsi donc, tu épouses Olivier. C'est l'horreur ! Il était l'homme de ma vie. Tu seras donc responsable à jamais de mon malheur...

Je rigole, bien sûr, et c'est de plaisir. Je suis heureuse de te voir heureuse. C'est ce que tu voulais : vas-y donc, vers ce mariage appelé de tous tes vœux ! Tu es faite pour lui comme il est fait pour toi. S'il n'existait pas, tu l'aurais sans doute inventé !

Bien sûr, puisque tu le désires, je serai présente le 12 juillet. Je tiens beaucoup à être une des premières à t'embrasser après que tu te sois passé la corde au cou.

Dis-moi, si tu veux bien, ce que tu serais heureuse de recevoir en cadeau. J'ai envie de te gâter pour que ce nouveau départ se fasse dans les meilleures conditions.

Je t'embrasse et, si tu m'y autorises, je fais de même avec ton futur mari.

143 / Faire-part de mariage

Monsieur et Madame Georges A.
Monsieur et Madame Robert B.

ont la joie de vous faire part du mariage de leur petite-fille et fille, Mademoiselle Aurore B., avec Monsieur Luc D. et vous prient d'assister à la bénédiction nuptiale qui leur sera donnée le 4 octobre à 10 heures en l'église de X.

Monsieur et Madame Alain C.
Monsieur et Madame Hubert D.

ont la joie de vous faire part du mariage de leur petit-fils et fils, Luc D., avec Mademoiselle Aurore B. et vous prient d'assister à la bénédiction nuptiale qui leur sera donnée le 4 octobre à 10 heures en l'église de X.

144 / Faire-part de mariage

Aurore B. et Luc D. sont heureux de
vous annoncer qu'ils se lieront par le
sacrement du mariage le 4 octobre à
10 heures en l'église de X.
et vous prient de bien vouloir y assister.

145 / Félicitations classiques aux parents

Monsieur et Madame Marc Y. adressent
leurs sincères félicitations à Monsieur et
Madame Robert B. à l'occasion du
mariage de leur fille Aurore avec
Monsieur Luc D.
et les prient de bien vouloir transmettre
leurs vœux de bonheur aux futurs
époux.

Menaces

Le mot de « menaces » est probablement un peu fort... Mais il arrive bien un jour ou l'autre, dans une existence, qu'un comportement à notre égard nous exaspère au point qu'on ne trouve plus d'autre solution que de menacer celui qui en est l'auteur.

Menacer de quoi ? Pas de lui casser la figure, bien sûr ! Il existe, pour se défendre, des moyens légaux, et ce sont les seuls auxquels il est possible de faire allusion. Toute lettre comportant d'autres menaces risque fort de se retourner contre vous, et par voie de justice...

Menacer comment ? Sans être grossier, aussi calmement que possible et même, pourquoi pas, avec un brin d'humour qui pourrait désamorcer la colère de votre correspondant.

Cela étant dit, chaque cas d'exaspération est personnel, et les trois exemples qui suivent sont choisis parmi une gamme extrêmement large de possibilités :

146. *Menace d'aller en justice pour dette non réglée.*
147. *Menace d'aller en justice pour diffamation.*
148. *Menace d'appeler la police pour les désagréments causés par un chien.*

146 / Menace d'aller en justice pour dette non réglée

Monsieur,

La somme que vous me devez depuis maintenant six mois vous a été réclamée déjà plusieurs fois, tout d'abord par téléphone, puis par lettre normale, puis par recommandé... Quelle possibilité me laissez-vous encore pour obtenir le versement de cette somme ?

Il n'est pas dans mon caractère d'utiliser la force pour obtenir ce qui m'est dû. Néanmoins, si votre dette à mon égard n'est pas apurée dans la semaine qui vient, je serai contraint de faire appel à la justice.

Croyez, Monsieur, à mes sentiments distingués.

147 / Menace d'aller en justice pour diffamation

Monsieur,

On ne cesse de me rapporter les propos que vous tenez à mon sujet, et qui semblent destinés à dévaloriser systématiquement mon travail.

Je pourrais évidemment ignorer complètement votre attitude, et me fier à l'impression qu'ont les autres personnes de mon application à bien faire. Mais les bornes sont dépassées, et je vous saurais gré de cesser de colporter des propos calomnieux à mon égard ainsi que de réparer, dans la mesure du possible, le tort qui a déjà été fait à ma réputation.

A défaut de modification dans votre attitude, je me verrais contraint de faire appel à la justice.

Croyez, Monsieur, à mes sentiments distingués.

148 / Menace d'appeler la police

Madame,

Chaque fois que votre chien passe devant le portail de ma propriété, il y dépose un petit cadeau dont, par mauvais caractère sans doute, je n'ai pas encore perçu l'intérêt. Vous trouvez peut-être normal qu'on doive, après votre passage, nettoyer le trottoir sous peine de poser le pied dans ce que je me refuse à nommer... Personnellement, je trouve cela extrêmement désagréable.

Je vous prierai donc, à l'avenir, de modifier la promenade de votre chien ou au moins de l'empêcher de s'arrêter devant chez moi pour admirer le paysage.

A défaut de modification dans les jours qui viennent, je n'hésiterai pas à faire dresser procès-verbal par les autorités compétentes.

Croyez, Madame, à mes sentiments distingués.

Naissance

Lorsque l'enfant paraît, le cercle de famille s'agrandit... C'est un autre moment de joie, après les fiançailles, le mariage et les fêtes qui reviennent à intervalles réguliers. Comme la plupart de ces moments, il s'agit à la fois d'un événement privé et public. Deux grandes catégories de lettres se distinguent donc.

Aux proches, et notamment aux grands-parents de l'enfant (lettre 149), on fera part de sa joie sans trop de retenue. Il ne faut pas oublier, bien entendu, de parler de l'enfant (beaucoup seront heureux de connaître la date exacte de sa naissance, son poids, sa taille, son prénom et son état de santé) mais aussi de la mère, pour autant que ce ne soit pas elle qui rédige la lettre.

Pour les autres, un faire-part s'impose. Généralement illustré, il portera un texte bref qui donne le prénom et la date de naissance de l'enfant, sous différentes formules (lettres 151 à 153).

Après la naissance, les croyants penseront au baptême, pour lequel il faut faire appel à un prêtre, ainsi qu'à un parrain et à une marraine. Mais bien sûr, ces demandes se feront le plus souvent de vive voix.

149. *Annonce de la naissance aux grands-parents de l'enfant.*
150. *Réponse attendrie des grands-parents.*
151 à 153. *Faire-part de naissance.*
154. *Demande à un prêtre de baptiser l'enfant.*
155. *Demande à un ami d'être parrain.*

149 / Annonce de la naissance aux grands-parents de l'enfant

Chers parents,

Voici enfin la bonne nouvelle que j'avais hâte de vous annoncer et que, sans doute, vous aviez hâte d'apprendre : Françoise a accouché hier d'une petite Emilie, 50 cm et 3 kg 350.

Tout s'est très bien passé, la mère et l'enfant se portent à merveille, et seul le père est très fatigué… Il est vrai que j'ai beaucoup tourné en rond hier en attendant cet heureux événement, puis sous le coup d'une joie intense. Mais aujourd'hui, tout va déjà beaucoup mieux et je commence à réaliser combien notre avenir trouve maintenant une base plus solide encore pour le bonheur.

J'imagine qu'il ne vous sera pas possible de venir avant plusieurs semaines, et j'ai pensé qu'il vous serait agréable de voir votre petite-fille. Je vous laisse donc vous chamailler autour de la photo ci-jointe pour savoir si elle ressemble à son grand-père ou à sa grand-mère.

En attendant de vous voir, tout le monde vous embrasse chaleureusement.

150 / Réponse attendue des grands-parents

Très chers enfants,

On a beau se sentir tout à coup très vieux de se savoir grand-père et grand-mère, la naissance d'Emilie est de loin la meilleure nouvelle à laquelle nous pouvions nous attendre.

Vous avez voulu cette petite fille, et la voilà maintenant avec vous. Quel plus beau cadeau pouviez-vous souhaiter de la vie ? Si nous nous comportions en parents responsables — et en grands-parents un peu gâteux —, nous commencerions maintenant à vous parler des obligations que crée cette naissance pour vous. Mais pas de sermons ! Le moment est à la joie !

La photographie ne remplace pas tout à fait le bonheur de tenir cet être neuf dans nos bras fatigués, mais merci quand même d'y avoir pensé. Nous ne nous sommes pas disputés pour savoir à qui elle ressemblait... On lui trouve un air d'Emilie, tout simplement !

Il nous tarde d'être parmi vous, mais ce ne sera sans doute pas possible avant deux ou trois semaines.

En attendant, on vous embrasse et on vous souhaite tout le bonheur du monde.

151 à 153 / Faire-part de naissance

Monsieur et Madame André X.
sont heureux de vous faire part de
la naissance de Catherine,
le 20 janvier 1986.

Quentin et Géraldine X.
sont heureux de vous annoncer
la naissance de leur petite sœur Catherine,
le 20 janvier 1986.

Catherine X. a la joie de vous annoncer
son arrivée chez ses parents Anne et
André, qui en sont encore tout émus,
le 20 janvier 1986.

154 / Demande à un prêtre de baptiser l'enfant

Mon Père,

Mon épouse et moi, soucieux de donner à notre enfant Marc le meilleur début dans l'existence, aimerions que vous le baptisiez prochainement.

Nous sommes à votre disposition pour fixer une date et les modalités de la cérémonie.

Dans l'espoir d'une réponse favorable, nous vous prions d'agréer, Mon Père, l'expression de notre respectueuse considération.

155 / Demande à un ami d'être parrain

Cher ami,

Notre petit Marc sera prochainement baptisé. La date exacte du baptême n'a pas encore été fixée, mais ce sera probablement vers le milieu du mois prochain.

Nous avons toujours été proches et je sais que tes convictions sont aussi les miennes. Accepterais-tu d'être le parrain de notre enfant ? Nous avons demandé à Nicole, que tu connais bien, d'être la marraine.

Nous serions très heureux d'avoir ton accord aussi rapidement que possible.

Avec nos remerciements et toute notre amitié.

Presse

S'il faut en juger par les rubriques « courrier des lecteurs » de la presse, il arrive souvent qu'on ait besoin ou envie de donner son avis à une rédaction à propos d'un problème précis, souvent parce qu'il a été abordé dans les colonnes de son journal ou de son magazine d'une manière qu'on trouve incomplète ou inexacte. On cherchera alors à apporter un avis qui a véritablement du poids par rapport à ce qui a été publié, en donnant des arguments solides et non une plaidoirie emportée où les bonnes raisons seraient ce qui manquerait le plus.

Lorsqu'on est mis en cause dans un article, on peut même bénéficier de la loi sur le « droit de réponse », qui prévoit l'obligation de publier une réponse — à condition qu'elle soit justifiée, bien entendue. Mais là aussi, si la polémique peut ne pas être absente de votre propos, évitez l'excès de langage. De toute manière, le « droit de réponse » proprement dit est un véritable article et sort du cadre de notre ouvrage.

Par contre, il peut être utile de réclamer un abonnement qui ne vient pas, ou de signaler un changement d'adresse :

156. *Réflexion contradictoire après lecture d'un dossier.*
157. *Demande de publication d'un droit de réponse.*
158 *Réclamation pour l'interruption d'un abonnement en cours.*
159. *Changement d'adresse.*

156 / Réflexion contradictoire après lecture d'un dossier

Monsieur le Rédacteur en Chef,

J'ai lu avec beaucoup d'intérêt le dossier que votre magazine a consacré cette semaine au problème de la chasse.

Son contenu était cependant exclusivement composé de déclarations de chasseurs. Leurs propos sont généralement mesurés et ne s'opposent pas directement aux défenseurs de la nature. C'est comme si ces derniers n'existaient pas. On ne se pose même pas la question de savoir si des positions différentes pourraient être défendues. C'est une manière insidieuse d'éliminer des opinions qui, cependant, existent bel et bien.

Pour tout dire, ce dossier m'a profondément choqué. Je suis un fidèle lecteur de votre magazine, mais il perd beaucoup de sa crédibilité pour moi en présentant les choses ainsi, à sens unique. Je veux croire que vous avez l'intention, dans un avenir très proche, de présenter l'autre version des faits. A défaut, je me verrai contraint de résilier mon abonnement.

Croyez, Monsieur le Rédacteur en Chef, à ma fidélité conditionnelle.

157 / Demande de publication d'un droit de réponse

Monsieur le Rédacteur en Chef,

Conformément à la loi sur le droit de réponse, je vous saurais gré de publier dans votre prochain numéro le texte ci-joint. L'article dont il est question dans ma réponse me mettait en effet injustement en cause, et il est nécessaire de rétablir la vérité.

Veuillez recevoir, Monsieur le Rédacteur en Chef, mes sincères salutations.

158 / Réclamation pour interruption d'un abonnement en cours

Monsieur,

J'ai souscrit, il y a trois mois, un abonnement d'un an à votre hebdomadaire. Je l'ai reçu régulièrement pendant deux mois, mais depuis quatre semaines aucun exemplaire ne m'est plus parvenu.

Je vous saurais gré de veiller à la régularité des envois, et à prolonger mon abonnement du mois pendant lequel je n'ai pas bénéficié du service de votre magazine.

Restant votre fidèle lecteur si vous le voulez bien, je vous prie de croire, Monsieur, à mes sentiments distingués.

159 / Changement d'adresse

Monsieur,

Je viens de déménager et je vous prie de bien vouloir m'adresser désormais votre magazine au 106, boulevard de Reims.

Veuillez agréer, Monsieur, l'assurance de mes sentiments distingués.

Recommandation

Les demandes de recommandation ou les recommandations elles-mêmes se font souvent par écrit. C'est beaucoup plus vrai, d'ailleurs, pour les secondes que pour les premières.

On peut demander une intervention à un ami ou à une personne qui détient du pouvoir (un député, par exemple). Dans tous les cas, on veillera à expliquer très précisément :

— ce qu'on désire;

— pourquoi on ne l'obtient pas;

— pourquoi on fait appel précisément à ce correspondant.

Le premier point est clair. Comment voulez-vous qu'on vous aide si on ignore ce que vous voulez ? Le deuxième gagne parfois à n'être pas développé complètement. Si, pour l'une ou l'autre raison, ce que vous voulez obtenir vous a déjà été refusé pour des motifs valables, ceux-ci peuvent provoquer aussi une non-intervention... Enfin, le troisième point s'apparente plutôt à la brosse à reluire : c'est parce que vous avez du pouvoir, que vous êtes bon, que vous avez toutes les qualités, etc., que je fais appel à vous (ceci dit en forçant un peu la note, bien entendu).

Mais comment répondre à un ami qui vous a demandé d'intervenir en sa faveur, surtout si cela ne vous est pas possible ? Avec tact ! C'est vraiment la principale qualité d'une réponse, surtout négative. Il se pose moins de problèmes quand on accepte d'intervenir, bien entendu. Encore faut-il, dans ce cas, ne pas donner trop d'illusions sur le poids de votre recommandation...

160. *Demande de recommandation à un ami pour retrouver un emploi.*
161. *Réponse positive.*
162. *Réponse négative.*
163. *Demande d'intervention à un député.*
164 et 165. *Recommandations.*

160 / Demande de recommandation à un ami pour retrouver un emploi

Cher Thierry,

J'ai toujours regretté que nous nous soyons perdus de vue après nos études. Mais évidemment, l'entrée dans la vie active ne favorise pas souvent le prolongement d'une amitié estudiantine.

C'est cependant au nom de cette vieille amitié que je t'écris. En effet, je suis actuellement sans travail, l'entreprise où j'étais employé ayant fermé ses portes. Et comme tu as toujours travaillé dans le même secteur que moi, j'ai pensé que tu pouvais peut-être m'aider à retrouver un emploi.

Dans tes relations, il y a peut-être quelqu'un qui pourrait m'employer. Je ne demande pas la lune. Même un emploi ne correspondant pas tout à fait à mes qualifications et à mon expérience me dépannerait pour l'instant.

Crois-tu pouvoir me donner le coup de pouce dont j'ai vraiment besoin ?

Je t'en remercie d'avance.

Amicalement.

161 / Réponse positive

Cher Albert,

Tu as bien fait de m'écrire pour me donner de tes nouvelles. Je ne sais pas si je pourrai t'être utile, car la conjoncture n'est pas vraiment à l'embauche, mais je vais essayer, je te le promets.

Je dois voir cette semaine le directeur d'une importante entreprise et je lui parlerai de toi. J'insisterai pour qu'il accepte au moins de te recevoir.

Mais il ne faut pas se faire trop d'illusions : les temps sont difficiles pour tout le monde. Je t'appuierai cependant comme je le pourrai.

D'ici là, n'hésite pas à sauter sur une autre occasion. Il ne faut rien négliger.

A très bientôt et, je l'espère, avec de meilleures nouvelles.

162 / Réponse négative

Cher Albert,

J'aurais évidemment préféré que les circonstances nous rapprochent dans des conditions plus agréables. Je sais, pour l'avoir vécu moi aussi, combien il est perturbant de se trouver sans travail.

Malheureusement, la conjoncture est telle, en particulier dans notre secteur, qu'il m'est impossible de t'aider. Je ne connais personne qui cherche à engager pour l'instant, ce serait même plutôt le contraire.

Néanmoins, si j'entendais parler d'une possibilité d'emploi, je m'efforcerais de t'aider à l'obtenir.

Crois bien que je suis désolé d'avoir à te répondre ainsi. Et je te prie de croire en ma fidèle amitié.

163 / Demande d'intervention à un député

Monsieur le Député,

J'ai fait une demande de raccordement au réseau téléphonique depuis deux mois déjà. Et malgré l'assurance d'un prompt raccordement, j'attends toujours celui-ci.

Le téléphone est indispensable à l'exercice de ma profession. Et chaque semaine qui passe représente une perte considérable que je ne pourrai pas combler ensuite.

En conséquence, je vous serais très obligé de bien vouloir intervenir afin qu'il soit fait suite à ma demande aussi rapidement que possible.

En vous remerciant, je vous prie d'agréer, Monsieur le Député, l'expression de mes sentiments distingués.

164 / Recommandation

Monsieur,

Permettez-moi de vous recommander chaleureusement Madame Tombert, que je connais depuis de nombreuses années, et dont je me porte garant.

Veuillez agréer, Monsieur, mes salutations distinguées.

165 / Recommandation

Monsieur,

Suite à votre demande, je vous certifie que Madame Hasard a toujours fait preuve d'une moralité et d'une honnêteté exemplaires dans l'exercice de ses fonctions à mon service. Elle est une personne de confiance qui n'a jamais trahi celle que j'avais mise en elle.

Veuillez agréer, Monsieur, l'expression de mes sentiments distingués.

Remerciements

On ne remerciera jamais assez ceux qui nous rendent des services, si minuscules soient-ils. On devrait remercier jusqu'aux passants qui nous adressent un sourire gratuit, en rue. Car le monde serait plus agréable si tout le monde souriait et si tout le monde remerciait pour ces sourires.

Trêve d'utopie... Retenez quand même que vous n'écrirez jamais une lettre de remerciements de trop, mais plutôt que vous en écrirez toujours une trop peu.

Evidemment, on n'adressera pas les mêmes effusions à un ami proche dont le geste est allé droit au cœur qu'à un inconnu qui a fait son travail ou aux vingt personnes qui ont offert un cadeau à l'occasion d'un mariage.

C'est pourquoi nous avons en quelque sorte gradué les remerciements, des plus chaleureux aux plus classiques :

166. *Remerciements à une amie pour un cadeau.*
167. *Remerciements à un médecin pour la qualité de sa présence.*
168. *Remerciements à un inconnu pour des renseignements précieux.*
169. *Remerciements à une relation pour un cadeau.*
170. *Remerciements pour un cadeau offert, par exemple à l'occasion d'un mariage.*

166 / Remerciements à une amie pour un cadeau

Chère Anaïs,

Tu ne peux savoir le plaisir que ton cadeau nous a fait, à Emmanuel et moi. Comme d'habitude, tu as fait preuve d'un goût exquis, et nous te remercions vivement de nous en avoir fait bénéficier.

Nous regrettons de ne pas t'avoir gardée plus longtemps auprès de nous après la cérémonie, nous aurions probablement eu un tas de choses à nous dire. Mais ce n'est que partie remise, n'est-ce pas ?

Pour les amis plus intimes, nous comptons en effet organiser, dans les mois qui viennent, lorsque nous serons un peu mieux installés, une petite soirée décontractée. Nous t'y invitons dès maintenant et te communiquerons la date dès qu'elle sera fixée.

Merci encore. Avec toute mon amitié.

167 / Remerciements à un médecin

Docteur,

Lors de la maladie qui m'a trop longtemps empêché de mener une activité normale, j'ai été souvent très touché de votre présence, dans laquelle il m'a souvent semblé percevoir bien davantage qu'une simple attitude professionnelle.

Cette bonne attention constante a probablement joué un rôle important dans mon rétablissement, en particulier lorsque j'ai dû être hospitalisé et que vous n'avez cessé de vous enquérir de mon état de santé, et même de me tenir compagnie quelques instants aussi souvent que votre emploi du temps le permettait.

Je ne sais comment vous remercier de tout cela.

Croyez, Docteur, à ma profonde reconnaissance.

168 / Remerciements pour renseignements obtenus

Monsieur,

Les renseignements que vous m'avez donnés au sujet de la marche à suivre pour rencontrer le Directeur technique national se sont révélés particulièrement efficaces. Grâce à vous, j'ai pu mener à bien mon entreprise et je suis maintenant à deux doigts de conclure un contrat important pour mon avenir.

Je vous suis donc vivement reconnaissant d'avoir bien voulu passer du temps à chercher pour moi ces renseignements et de me les avoir communiqués.

Avec mes remerciements, veuillez agréer, Monsieur, l'expression de mes sentiments distingués.

169 / Remerciements pour un cadeau

Monsieur,

Nous vous remercions vivement pour le cadeau que nous avons reçu. Il est pour nous le signe d'un encouragement au bonheur, et c'est en cela qu'il nous a profondément touchés.

Croyez, Monsieur, à notre sincère dévouement.

170 / Remerciements pour un cadeau

Marc et Corinne

vous remercient de tout cœur pour le joli cadeau que vous leur avez offert.
Ils vous prient de croire à leur sincère reconnaissance et à leur amitié.

Renseignements

Demander des renseignements ne se fait pas de n'importe quelle manière, surtout s'il s'agit de connaissances dont le propriétaire est fier. Il faut donc s'y prendre habilement, dans une attitude qui peut aller de la simple politesse à la ruse !

Ceci étant dit, la plupart des cas sont simples et ne posent aucun problème. Pour évoquer les problèmes possibles, nous avons choisi l'exemple d'une recette de cuisine (lettres 172 et 173) demandée à une relation amicale dont on pense qu'elle n'aura pas très envie de la donner, ou à une véritable amie en qui on a confiance. Les variantes entre ces deux lettres vous feront mesurer les nuances de l'approche...

Quand on est soi-même en possession de renseignements, on peut les donner spontanément (dans le cas d'un témoignage lors d'un accident, par exemple — lettre 175), les fournir à la demande (lettre 176) ou refuser de les donner (lettre 177).

Ainsi, vous avez assez de cas différents pour y puiser en fonction de chaque situation :

171. *Demande de documentation.*
172. *Demande d'une recette à une relation amicale.*
173. *Demande d'une recette à une amie.*
174. *Demande de renseignements pour l'inscription dans une association.*
175. *Offre de témoignage suite à un accident.*
176. *Fourniture de renseignements.*
177. *Refus de fourniture de renseignements.*

171 / Demande de documentation

Monsieur,

Effectuant actuellement un travail scolaire consacré à votre pays, je suis à la recherche d'une documentation portant sur les grandes entreprises industrielles nationales.

Etes-vous en mesure de me donner des renseignements à ce sujet ? A défaut, pourriez-vous m'indiquer des endroits où je pourrais en trouver ?

Vous en remerciant, je vous prie d'agréer, Monsieur, l'expression de mes sentiments distingués.

172 / Demande d'une recette à une relation amicale

Chère amie,

Le repas que vous nous avez servi était une véritable splendeur ! Il y avait longtemps que nous n'avions fait si bonne chère. C'était à la fois exquis et léger.

Mais vous ne nous avez pas dit quels ingrédients vous avez utilisés pour réussir le dessert. Auriez-vous l'obligeance de m'en communiquer la recette ? Je ne vous la demande évidemment pas pour en faire un usage public, mais seulement pour en retrouver de temps à autre le goût qui me rappellera la soirée agréable passée chez vous.

Je vous en remercie et vous prie de croire à ma fidèle amitié.

173 / Demande d'une recette à une amie

Chère Catherine,

La soirée a été superbe, nous t'en remercions. Une chose était encore plus réussie que le reste : le dessert ! Je ne me souviens pas d'avoir mangé quelque chose de plus fin.

Aurais-tu la gentillesse de m'en communiquer la recette ? J'aimerais bien l'utiliser de temps à autre. A moins que ce soit un vieux secret de famille, bien sûr !

Je te remercie et je t'embrasse.

174 / Demande de renseignements pour l'inscription à une association

Monsieur le Président,

Préoccupé moi-même par les idées que vous défendez, je souhaite me joindre à votre effort et devenir membre actif de votre association.

Pouvez-vous par conséquent me dire de quelle manière mon inscription deviendra effective ?

Vous en remerciant, je vous prie d'agréer, Monsieur le Président, l'assurance de ma considération distinguée.

175 / Offre de témoignage suite à un accident

Monsieur le Commissaire,

J'ai été témoin d'un accident ce mardi 8 mai à l'angle des rues Muffetard et Charteau. Je ne me suis pas manifesté aux automobilistes parce qu'il était évident qu'ils ne souffraient d'aucune blessure — et n'avaient donc pas besoin de mon aide — et que j'étais attendu à un rendez-vous urgent.

Je suis prêt, si vous en avez besoin, à témoigner oralement ou par écrit. Je suivais la voiture qui venait de la rue Charteau et j'étais donc bien placé pour assister à l'accident.

Croyez, Monsieur le Commissaire, à mes sentiments respectueux.

176 / Fourniture de renseignements

Monsieur,

En réponse à votre lettre de ce 27 janvier, je vous prie de trouver ci-joint les renseignements demandés.

Je suis à votre disposition pour tout complément d'information, et pourrais me rendre à votre domicile l'après-midi ou le soir si vous envisagez un achat rapide.

Dans l'attente, je vous prie de croire, Monsieur, à mes sentiments dévoués.

177 / Refus de fournir des renseignements

Monsieur,

En réponse à votre lettre de ce 13 décembre, je suis au regret de ne pouvoir vous donner les renseignements que vous me demandez. Je suis en effet tenu au secret professionnel dans ce domaine.

Croyez bien que ce n'est donc pas à vous personnellement que je refuse ces renseignements, mais qu'il s'agit simplement d'une attitude générale.

Veuillez agréer, Monsieur, l'expression de mes sentiments distingués.

Succession

Les problèmes de succession sont ceux pour lesquels on entre le plus fréquemment en contact avec un notaire, qui peut être le sien si on désire s'occuper de sa propre succession, ou un parfait inconnu si on apprend par lui qu'on est l'héritier d'une personne décédée.

Dans tous les cas, la plupart des détails ne se régleront pas par écrit. Il est nécessaire de prendre rendez-vous avec le notaire pour établir les clauses d'un testament ou pour en prendre connaissance. Les lettres de ce type portent donc sur l'une ou l'autre question ou remarque préalable, et invitent à une rencontre pour poursuivre la démarche.

178 / Acceptation d'une succession sous bénéfice d'inventaire

Maître,

Je reçois aujourd'hui la lettre par laquelle vous m'apprenez le décès de mon oncle Arthur Crozet, ainsi que les droits que je possède sur la succession.

Ignorant tout de la vie de mon oncle depuis plusieurs années, j'ai décidé d'accepter cette succession, mais sous bénéfice d'inventaire.

Croyez, Maître, à ma parfaite considération.

179 / Demande de rendez-vous pour établir un testament

Maître,

Pour des raisons personnelles, je désire déshériter un de mes enfants. Dans quelle mesure est-ce possible ?

Je n'ai pas encore rédigé de testament et voudrais le faire maintenant, en fonction de cette donnée. J'aimerais que vous me donniez des conseils sur la marche à suivre.

Ne pouvant me déplacer, je vous saurais gré de bien vouloir passer à mon domicile au jour qui vous conviendra pour fixer les modalités de ce testament.

Je vous en remercie et vous prie de croire, Maître, à ma parfaite considération.

180 / Demande de rendez-vous pour modifier un testament

Maître,

J'ai rédigé, il y a trois ou quatre ans, un testament olographe qui se trouve depuis dans un coffre. Mais des éléments nouveaux ont attiré mon attention sur quelques modifications à y apporter.

Afin d'éviter toute contestation, je souhaite que vous m'apportiez vos conseils sur quelques points précis.

Pouvez-vous me fixer un rendez-vous en votre étude ou chez moi, comme vous le préférez ?

Je vous en remercie et vous prie de croire, Maître, à mes sentiments les meilleurs.

Travaux

Ce sujet est très proche du commerce, dont il est question ailleurs dans ce livre. Mais pour établir une différence, disons qu'il s'agit davantage ici de manipulations que d'achats. C'est le travail qui est payé ou commandé et non des objets.

Mais pour l'essentiel, les principes sont les mêmes. Nous vous renvoyons donc aux commentaires du commerce, qui sont valables dans ce cadre.

181 / Demande d'un test graphologique

Monsieur,

Etant actuellement à la recherche d'un emploi, et soumis par plusieurs employeurs potentiels à des tests graphologiques, je souhaiterais savoir ce que ceux-ci peuvent leur révéler.

Je m'adresse donc à vous pour savoir dans quelles conditions de tarif et de délai vous acceptez de réaliser une telle analyse.

Dans l'attente de votre réponse, je vous prie de croire, Monsieur, à mes sentiments distingués.

182 / Demande de rendez-vous pour la commande d'un travail

Monsieur,

Je serais heureux de vous rencontrer à mon domicile un de ces prochains jours après 17 heures. Je désire en effet vous confier la réalisation d'un muret en pierre et souhaiterais que vous me précisiez le délai de réalisation ainsi qu'un devis précis.

Je vous en remercie d'avance et vous prie de croire, Monsieur, à mes sentiments les meilleurs.

183 / Demande de bornage d'un terrain

Monsieur,

Souhaitant faire une donation de terrain à mes enfants, je dois faire procéder à un bornage des parcelles destinées à cette donation. Pouvez-vous vous charger de ce travail ?

Le terrain dont il est question est situé rue de la Fontaine, à hauteur du n° 13. Je n'en possède pas le plan précis, mais il est évidemment à votre disposition au cadastre.

Veuillez agréer, Monsieur, l'expression de mes sentiments distingués.

184 / Rappel d'une demande de travail antérieure

Monsieur,

Vous m'aviez promis, il y a plus d'un mois, que le petit muret que je vous ai demandé de construire serait terminé... la semaine dernière.

Si je m'étais réjoui de la hâte avec laquelle vous aviez commencé ce travail, j'ai commencé à être inquiet lorsque je vous ai vu le délaisser — pour un chantier plus important, sans doute ?

Je comprends bien volontiers que vous puissiez être surchargé actuellement, mais vous auriez dû le prévoir et ne pas me donner cette date pour l'achèvement du travail.

Je vous saurais donc gré de le terminer sous huitaine — il est presque achevé —, sans quoi je me tournerai vers un de vos confrères pour mener ce travail à bien.

Veuillez agréer, Monsieur, l'assurance de mes sentiments distingués.

185 / Refus d'effectuer un travail

Monsieur,

Je regrette de ne pouvoir faire suite à votre demande.

En effet, le travail que j'accomplis pour Monsieur X. occupe actuellement tout mon temps et il est impossible d'y ajouter la moindre occupation, si légère soit-elle.

Dans d'autres circonstances, j'aurais été heureux de vous répondre favorablement. Et peut-être l'occasion se présentera-t-elle plus tard...

Veuillez agréer, Monsieur, l'assurance de mes sentiments distingués.

Vacances

De bonnes vacances, c'est comme un excellent repas : c'est très long à préparer, et ça passe toujours trop vite. Le courrier relatif aux vacances fonctionne donc, lui aussi, en deux temps : *avant* et *pendant*.

Avant, on se renseigne, on demande à louer une chambre, on donne confirmation de la réservation... Démarches simples qui réclament un peu d'attention : mieux vous savez ce que vous voulez, plus aisément on vous répondra. Soyez donc précis dans vos demandes et aimable lorsque vous cherchez à obtenir une faveur quelconque (voir lettre 187).

Pendant, on achète des cartes postales illustrées au dos desquelles on distille quelques vagues impressions de vacances. Evitez au moins de raconter la même chose à des personnes qui peuvent se rencontrer et comparer les nouvelles que vous leur donnez. Et soyez léger, léger... Vous n'écrivez chez vous ou à des amis que pour donner à ceux qui sont restés une bouffée de dépaysement !

186 / Demande de prospectus

Monsieur,

Je désire me rendre, pendant les vacances d'été, dans un pays d'Afrique. Pouvez-vous me faire parvenir les prospectus de votre agence concernant ces destinations ?

Je vous en remercie et vous prie d'agréer, Monsieur, l'expression de mes salutations distinguées.

187 / Demande d'autorisation de camping

Monsieur,

Comme l'an dernier, je souhaite passer une semaine dans votre région. Et malheureusement, il n'y a pas plus de terrain de camping qu'il y a douze mois.

Puis-je donc encore compter sur votre bienveillance et planter ma tente au même endroit dans votre prairie ?

Je peux vous assurer du soin que j'apporterai, pendant mon séjour, à ne pas dégrader votre terrain.

Je joins une enveloppe timbrée pour votre réponse.

Dans l'attente de celle-ci, je vous prie d'agréer, Monsieur, mes salutations distinguées.

188 / Demande de réservation d'une chambre

Monsieur le Directeur,

Ayant séjourné précédemment dans votre établissement et satisfait du service et du cadre, je souhaite réserver une chambre pour mon épouse et moi-même pour cinq nuits, du 11 au 16 juin inclus.

Nous souhaitons une vue sur la mer et une chambre dotée d'un cabinet de toilette. Nous choisirons, comme lors de notre précédent séjour, la formule demi-pension gastronomique, qui nous a laissé un grand souvenir.

Dans l'attente de votre réponse, je vous prie de croire, Monsieur le Directeur, à mes salutations distinguées.

189 / Confirmation de réservation

Monsieur,

Nous avons bien reçu votre lettre du 30 avril. Les conditions que vous nous proposez nous conviennent parfaitement, et nous réservons donc une chambre pour deux personnes avec douche, en demi-pension, pour la période du 13 au 26 juillet.

Nous versons ce jour les arrhes convenues, soit la somme de 1 000 francs, à votre numéro de compte.

Veuillez agréer, Monsieur, l'assurance de notre considération distinguée.

190 / Bonjour aux parents

Chers parents,

Le ciel est plus bleu sur la carte que dans la réalité, mais nos vacances se passent néanmoins très bien, dans la décontraction et le plaisir.

Nous avons trouvé ici tout ce que nous souhaitions pour ces deux semaines de relâche dans la vie active, et nous voudrions vous envoyer un peu de notre bonheur d'être ici, afin que vous en profitiez aussi.

Nous vous embrassons tous deux affectueusement.

191 / Bonjour aux copains

Chers amis,

Pendant que vous poursuivez la tâche, je me préoccupe surtout de mon repos. Mais c'est pour votre bien, afin que je vous revienne en pleine forme, n'est-ce pas ?

Admirez au dos de cette carte le morceau de paysage que je vous envoie. Et rêvez... moi, j'en profite !

A bientôt.

Vœux

Combien êtes-vous à ne prendre la plume qu'aux environs du 20 décembre, quand il commence à être grand temps d'envoyer ses vœux aux amis et connaissances, à la famille lointaine ?

Les mots utilisés seront plus ou moins convenus, selon qu'on est lointain ou proche de ceux à qui on écrit.

Ceux qu'on aime vraiment méritent toute l'attention et doivent recevoir une véritable lettre, aussi intime que si vous leur écriviez sans autre raison que de leur donner des nouvelles et leur en demander. Alors, la cérémonie traditionnelle des vœux réchauffe un peu les cœurs.

Pour les autres, il y a un choix de formules plus guindées, qui répondent à la politesse et aux conventions. On les utilisera sans crainte. Elles ressemblent aux formules de fins de lettres : elles sont là davantage pour marquer leur présence que pour dire véritablement quelque chose de précis.

192. *Vœux aux parents.*
193 à 196. *Vœux à des relations amicales et relations de travail.*

192 / Vœux aux parents

Chers parents,

Cela me fait une impression bizarre de ne pas passer, pour la première fois depuis longtemps, les fêtes de fin d'année auprès de vous. Mais il faut tenir compte des circonstances de la vie, et voilà... On ne se verra pas avant l'année prochaine.

Il n'empêche que je ne voulais pas laisser passer le 1er janvier sans vous souhaiter, de tout cœur, une excellente année. Que tout ce qui n'a pas été parfait pendant les douze mois écoulés le devienne pendant ceux qui viennent !

Vous savez mieux que moi ce que vous désirez pour l'année prochaine. Je me joins à vous pour le désirer aussi, et que tout contribue à votre bonheur.

En attendant de le faire vraiment dans trois semaines, je vous embrasse par lettre, avec tant de chaleur que cette missive devrait vous brûler les joues si vous vous en frottez le visage.

193 à 196 / Vœux à des relations amicales et de travail

Monsieur,

L'année qui se termine vous a apporté quelques moments de bonheur, mais aussi quelques autres moins agréables.

Permettez-moi de souhaiter, pour l'année qui commence, une multiplication des premiers et une raréfaction des seconds.

Ainsi, ce que vous espérez sera réalisé. C'est mon vœu le plus cher.

Croyez, Monsieur, à mon amicale fidélité.

Cher ami,

Alors qu'une nouvelle année commence, je voudrais vous souhaiter douze mois de bonheur et de réussite dans tous les domaines.

Que ce que vous avez commencé se poursuive avec profit, et que de nouvelles voies s'ouvrent à vous, c'est le vœu que je formule.

Croyez à ma sincère amitié.

Vœux à des relations amicales et de travail (suite)

Monsieur,

Je vous remercie de vos vœux et vous prie de recevoir les miens pour une année que je vous souhaite aussi prospère que la précédente.

Croyez, Monsieur, à mon entier dévouement.

Monsieur,

A l'aube de cette année qui commence, permettez-moi de vous présenter mes souhaits les plus sincères de réussite dans vos affaires et de bonne santé.

Croyez, Monsieur, à toute ma considération.

Voisinage

Il n'est pas bon signe que des relations de voisinage s'établissent par écrit. C'est généralement parce qu'il y a quelques problèmes de coexistence... Malheureusement, cela arrive, et il faut bien tenter d'y remédier.

Nous vous conseillons donc, s'il n'est pas possible de résoudre vos problèmes par une simple visite ou par un mot lorsque vous croisez votre voisin, d'écrire une lettre ferme mais amicale. Inutile de vous le mettre à dos de manière telle qu'il n'aurait certainement pas envie de répondre à votre demande !

Si son attitude bafoue de manière évidente des droits précis que vous avez, faites-le lui comprendre, mais sans insister trop lourdement...

Et puis, pour ne pas voir la vie en gris, nous avons voulu terminer ce livre par une lettre complètement amicale, qui mettra du baume sur vos plaies si votre insupportable voisin déménage et est remplacé par un homme charmant...

197 à 199 *Reproches au voisin.*
200. *Invitation à un voisin nouvellement installé.*

197 à 199 / Reproches au voisin

Monsieur,

Vous savez probablement que nous occupons des appartements voisins, et nous nous sommes d'ailleurs croisés parfois dans le hall d'entrée. Pour ma part, j'aime assez entretenir avec mes voisins des rapports cordiaux et sincères.

Voilà donc pourquoi, après en avoir déjà parlé une fois ou deux à votre épouse, et en l'absence de tout résultat, je vous prie de veiller dorénavant à baisser le son de votre télévision après 22 heures, comme le règlement l'exige.

Le sommeil de mes enfants, dont le mur de la chambre est commun avec celui de votre living, est très perturbé ces derniers temps à cause du bruit. J'aimerais les voir plus dispos le matin.

Vous remerciant d'avance, je vous prie de croire, Monsieur, à mes sentiments les meilleurs.

Reproches au voisin (suite)

Monsieur,

La partie de trottoir qui se trouve devant votre maison est toujours sale, et cette saleté déborde évidemment sur mon morceau de trottoir dès que trois personnes y sont passées. Mon épouse a pris l'habitude, que j'ignorais, de nettoyer partiellement votre trottoir. Il me semblerait préférable que vous meniez régulièrement cette opération à bien.

Je vous remercie de l'accueil que vous ferez à cette remarque amicale et vous prie de croire, Monsieur, à mes sentiments les meilleurs.

Reproches au voisin (suite)

Monsieur,

Nous avons toujours entretenu, me semble-t-il, d'excellentes relations de voisinage, et je souhaite qu'il en soit encore ainsi à l'avenir. J'aurais d'ailleurs préféré vous parler du problème que je vais évoquer de vive voix, mais nos horaires ne correspondent pas et voilà pourquoi je vous envoie ce petit mot.

J'ai remarqué que vous aviez planté, il y a quelques jours, de jeunes arbres en bordure de votre propriété. N'avez-vous pas oublié de tenir compte de ce que deviendra leur taille dans quelques années ? S'ils restent à l'endroit où vous les avez plantés, ils déborderont largement dans ma propriété...

Voulez-vous donc, tant qu'il en est temps encore, reculer ces arbres en fonction de mes remarques ?

Je vous en remercie et vous prie de croire, Monsieur, à mes sentiments les meilleurs.

200 / Invitation à un voisin nouvellement installé

Monsieur,

Vous êtes arrivé depuis peu dans le quartier et vous ignorez peut-être encore que nous cherchons à établir des relations à la fois amicales et non envahissantes avec tous nos voisins. Il nous paraît utile de connaître les gens qui nous entourent, ne serait-ce que parce qu'il est plus agréable de savoir qui on salue le matin au moment de partir au travail.

Accepteriez-vous de passer prendre l'apéritif sans façons ce dimanche vers 11 h 30 ?

Il n'est pas nécessaire de donner une réponse : nous sommes chez nous de toute manière, et nous vous attendrons.

Croyez, Monsieur, à nos sentiments les meilleurs.

Table des matières

Vie Quotidienne

Femme un jour, femme toujours
N. de Rothschild .... 1553 N
Gagner aux concours, aux jeux, au Loto
C. Carnoy 1548 M5
Généalogie facile (La)
J.-L. Beaucarnot 1512 M7
Guide de l'organisation de toutes les fêtes
C. Carnoy 1551 M5
Guide de l'organisation du mariage
N. Terrail............................. 1513 M7
Guide de la TV par satellite
Ph. Richard........................... 1543 M5
Guide familial de tous vos droits et avantages
C. Ovtcharenko 1521 M7
Livre de bord de votre courrier (Le)
C. Pinson............................. HC 125FF
Livre de bord du savoir-vivre (Le)
F. Le Bras .... HC 125 FF
1000 trucs de grand-mère
L. Fronty 1529 M6
Minitel utile .... HC 99 FF
Officiel des prénoms d'Europe (L')
C. et P. Raguin 1502 M9
Organiser et réussir un mariage
C. Pinson............................. 1542 M5
Organiser et réussir une fête d'enfants
C. Pinson............................. 1541 M4
Organisez votre maison
F. Le Bras 1545 M5
Politesse oblige
H. de Clermont-Tonnerre............. 1549 M8
Premiers pas en généalogie
J.- L. Beaucarnot....................... 1546 M5
Savoir-écrire aujourd'hui (Le)
C. et O. Pierron........................ 1524 M7

1510

MARABOUT

IMP. BUSSIÈRE, SAINT-AMAND (CHER). — N° 1542.
D. L. JUILLET 1998/0099/205
ISBN 2-501-02763-9
Imprimé en France